Roland Werner

Ostern ist mehr

ROLAND WERNER

Ostern

IST MEHR

SCM
Hänssler

SCM

Stiftung Christliche Medien

SCM Hänssler ist ein Imprint der SCM Verlagsgruppe, die zur Stiftung Christliche Medien gehört, einer gemeinnützigen Stiftung, die sich für die Förderung und Verbreitung christlicher Bücher, Zeitschriften, Filme und Musik einsetzt.

SCM Verlagsgruppe GmbH · Max-Eyth-Straße 41
71088 Holzgerlingen
Internet: www.scm-haenssler.de; E-Mail: info@scm-haenssler.de

Die Bibelverse sind, wenn nicht anders angegeben, folgender Ausgabe entnommen:
Das Buch. Neues Testament - übersetzt von Roland Werner. © 2009
SCM R.Brockhaus im SCM-Verlag GmbH & Co. KG, Witten.

Umschlaggestaltung: Kathrin Spiegelberg, Weil im Schönbuch
Titelbild: stocksy.com
Satz: typoscript GmbH, Walddorfhäslach
Druck und Bindung: Dimograf Sp. z o. o.
Gedruckt in Polen
ISBN 978-3-7751-5820-6
Bestell-Nr. 395.820

Inhalt

1. Von Ostereiern, Hasen und dem wahren Sinn des Festes

Die Suche nach Ostern

Was fällt uns beim Stichwort Ostern ein? Na, ist doch klar: der Osterhase und die schön bunt bemalten Eier, die er für die Kinder im Garten versteckt.

Vielleicht auch noch das: Osterglocken, Osterläuten, und in manchen Landesteilen auch das Osterreiten.

Doch worum geht es eigentlich bei Ostern?

Und warum ist dieses Fest eins der höchsten Feste im Jahreskalender – zusammen mit Weihnachten und Pfingsten? Was ist Ostern eigentlich? Ein Frühlingsfest, das das Ende des Winterhalbjahres markiert?

Eine Spaßveranstaltung für Kinder, die endlich wieder draußen im Freien herumtoben dürfen und zu diesem Anlass auf die Suche nach Süßigkeiten geschickt werden, die unter Bäumen und Sträuchern versteckt wurden?

Und: Was hat Ostern mit uns zu tun? Mit unserem Leben hier und jetzt, und mit unserem Glauben? Hat Ostern eine Bedeutung für uns im Alltag, für unsere Sicht der Welt und für unsere Hoffnung auf eine bessere Zukunft?

Das und noch mehr wollen wir in diesem kleinen Buch entdecken. Dabei bin ich fest davon überzeugt: Ostern ist mehr. Ostern ist mehr, als uns auf den ersten Blick ins Auge fällt.

Deshalb möchte ich Ihnen hiermit eine herzliche Einladung aussprechen zu einer Entdeckungsreise in Sachen Ostern!

Denn gerade hier gilt der Satz ganz besonders: Wer sucht, der wird finden!

Dass Ostern etwas mit Suchen zu tun hat, weiß bei uns jedes Kind. Denn irgendwann an diesem Sonntag im Frühjahr geht die Suche los, oft schon frühmorgens. Und meist im heimischen Garten, manchmal aber auch einfach auf dem Balkon oder im Wohnzimmer.

Wer sucht, wird finden! Dieser biblische Satz gilt auch hier. Meistens jedenfalls. Denn manchmal wissen auch die Eltern, Oma und Opa, Onkel und Tanten nicht mehr, wo sie das letzte Ei versteckt haben.

Stopp, da war doch noch der Osterhase! Hat er nicht höchst persönlich die Eier bemalt, in seinem Korb auf dem Rücken herbeigetragen und dann versteckt?

Na ja, meist bekommen die Kinder schon mit fünf oder sechs Jahren heraus, dass es in Wirklichkeit die Eltern waren, die die leckeren Sachen unter den Sträuchern und hinter den Blumentöpfen deponiert haben.

Aber was soll's? Hauptsache ist doch, dass das Suchen Spaß macht und das Finden noch mehr! Wenn dann am Ende das Osterkörbchen mit den Leckereien überquillt, ist doch alles in Ordnung! Und beim genüsslichen Verzehren kann man sich schon auf das nächste Osterfest freuen, oder vielleicht auch besser auf Weihnachten oder den Geburtstag, denn das dauert sicher nicht so lange!

Doch: War das schon alles? Ist Ostern einfach nur ein Fest für Kinder, vielleicht ein klug ausgedachter Schachzug, um nach den langen Wintermonaten mal wieder in die freie Natur zu locken?

Klar, Ostern ist mehr. Genauer gesagt: Es geht um mehr. Doch was war das noch? Was feiern wir eigentlich zu Ostern?

Um das herauszufinden, wollen wir uns hier auf den Weg machen. Und der fängt da an, wo wir uns erst einmal das Wort Ostern erklären.

Denn Ostern ist mehr!

Ostern – Was das Wort bedeutet

Die unterschiedlichen Wörter, mit denen dieses große Fest im Kirchenjahr in verschiedenen Sprachen bezeichnet wird, geben uns Hinweise darauf, worum es dabei in Wirklichkeit geht.

Ostern – was bedeutet das Wort eigentlich? Wir wollen uns auf eine sprachliche Spurensuche nach dem Sinn von Ostern begeben. Los geht's!

Ostern – Das Fest des Lichts

In germanischen Sprachen wie dem Deutschen und Englischen geht das Wort »Ostern« beziehungsweise englisch *Easter* mit allergrößter Wahrscheinlichkeit auf das altgermanische Wort *austro* zurück, was so viel wie »Morgenröte« bedeutet.

Als der angelsächsische Missionsbischof Bonifatius, der mit Geburtsnamen Winifreth, also Winfried, hieß, um 820 n. Chr. nach Deutschland kam, führte er dieses Wort als neuen Begriff ein – damals noch in der Form ôstarun.

So knüpfte er bei einem germanischen Wort an, das die Sachsen, Hessen und Friesen als Bezeichnung für das Frühlingsfest kannten: Ostern.

Doch er meinte damit nicht etwa die Morgenröte oder die Frühlingssonne, sondern ein Ereignis, das für seine Zuhörer zunächst ganz unglaublich erscheinen musste: die Auferstehung von Jesus.

Also: Selbst, wenn »Ostern« ursprünglich ein germanisches Frühlingsfest bezeichnet haben mag, wird schnell deutlich, dass Ostern in der Bibel mehr ist als nur das Fest des wieder stärker werdenden Lichts im Frühjahr.

Auch wenn die neu gewonnenen Christen ein alt bekanntes Wort verwendeten, meinten sie damit etwas ganz Neues, nämlich das Fest der Auferstehung von Jesus.

Ganz abwegig ist sie ja nicht, die Verbindung zwischen »Ostern« und dem Frühlingsfest, bei dem die Wiederkehr des Lichts gefeiert wurde. Im Markusevangelium, einem sehr frühen Bericht über das Leben von Jesus, lesen wir, dass die Frauen, die Jesus nachfolgten, zum Grab Jesu kamen, und zwar *»ganz früh, ... als die Sonne gerade aufging«* (Markus 16,2).

So sind die Morgenröte und das Licht des anbrechenden Tages von Anfang an Symbole für die Auferstehung von Jesus. Das zeigt sich auch in frühen Osterbräuchen der Christenheit. In der alten Kirche wachten die Christen die ganze Nacht bis zum Ostermorgen und feierten beim Anbruch des Morgenlichts die Auferstehung von Jesus.

Häufig wurden auch neue Christen beim Sonnenaufgang am Ostermorgen getauft. Die Tradition, in der Nacht vor Ostern als Vorbereitung dafür zu wachen und zu beten, geht dabei selbst auf ein noch älteres biblisches Vorbild zurück, nämlich auf die Passahnacht.

In dieser Nacht erlebten die unterdrückten Israeliten ihre Befreiung aus der Sklaverei in Ägypten. Deshalb sollten sie für alle Zeiten dieses Fest feiern:

»*In dieser Nacht, in der er sein Volk aus Ägypten führte, hielt der Herr selbst Wache. Deshalb sollen die Israeliten in dieser Nacht dem Herrn zu Ehren wachen.*«
(2. Mose 12,42, Neues Leben. Die Bibel)

Ostern – Das Fest der Rettung

Aufgrund dieser Verbindung mit dem Alten Testament leitet sich in vielen europäischen Sprachen der Name dieses Festes vom aramäischen Wort *Pascha* ab, was die Übersetzung des Hebräischen Wortes *Pesach* ist.

So heißt Ostern auf Albanisch *pashkët*, auf Dänisch *påske*, auf Italienisch *Pasqua,* auf Französisch *Pâques*, auf Niederländisch *Pasen* und sogar auf Türkisch *Paskalya*. Auch im Deutschen ist dieses Wort nicht ganz ungewöhnlich. So nannte man in Nordwestdeutschland das Osterfest bis ins Mittelalter hinein *Paschen*.

Die Verbindung von Ostern und dem Passahfest wird uns in der Bibel gezeigt. Dort wird berichtet, dass Jesus am Abend vor seinem Sterben am Kreuz mit seinen Freunden und Schülern noch einmal das Passahmal gefeiert hat.

Beim jährlichen Passahfest erinnerten sich die Israeliten an den Exodus, also an den Auszug ihrer Vorfahren aus Ägypten, wo sie als Unfreie, also als Sklaven, lebten. Dieses Fest der Befreiung wird von gläubigen Juden auch heute noch jedes Jahr gefeiert.

Das christliche Osterfest ist also eng mit dem biblischen Passahfest verbunden. Das geht sogar so weit, dass der Ostertermin dem des Passahfestes folgt – und damit dem beweglichen jüdischen Jahreskalender, der auf den Mondmonaten basiert. Ostern fällt somit immer in den jüdischen Monat Nisan. Die Christenheit rechnete schon früh mit dem 14. Nisan als Tag der Kreuzigung und mit dem 16. Nisan als Tag der Auferstehung Christi. Moderne Historiker halten diese Daten auch für die wahrscheinlichsten.

Aus verschiedenen Gründen war die Berechnung des richtigen Ostertermins in der Kirchengeschichte teilweise umstritten. Es würde zu weit führen, uns hier mit allen Debatten darüber zu beschäftigen. Was aber feststeht, ist, dass das Osterfest ganz eng mit dem jüdischen Passahfest verbunden war, dem Fest der Befreiung aus der Knechtschaft in Ägypten.

Ostern – Das große Fest

Die meisten slawischen Sprachen nennen das Osterfest die »Große Nacht« oder auch »Große Nächte«. So heißt es auf Polnisch *Wielkanoc*, auf Tschechisch *Velikonoce* und auf Slowenisch *Velika Noč*. Doch im Bulgarischen und Ukrainischen sowie in den baltischen Sprachen Lettisch und Litauisch heißt das Fest übersetzt »großer Tag«.

Ob Tag oder Nacht – das Osterfest ist das größte, das höchste Fest der Christenheit. Denn hier feiern wir die Überwindung des Todes und das neue Leben, das Gott uns schenkt.

Was Ostern bedeutet

So ist das Osterfest in den verschiedenen Sprachen all das zugleich: ein Fest des anbrechenden Lichts, ein Fest der Rettung, ein großes, unvergleichliches Fest.

Aber warum ist das so?

2. Kreuz, Felsengrab und die unerwartete Wende

Was beim allerersten Ostern geschah

Wir befinden uns im Jahr 30 n. Chr. Ort des Geschehens ist Jerusalem. Um zu begreifen, was Ostern geschah, müssen wir uns in die letzten Lebenstage von Jesus hineinversetzen. Denn ohne die Passion, also den Leidensweg von Jesus, verstehen wir Ostern nicht. Was die Auferstehung bedeutet, wird erst klar angesichts des Sterbens von Jesus am Kreuz.

Golgatha – Ein grausamer Ort vor den Toren von Jerusalem

Gehen wir zunächst an den Ort, wo Jesus starb, zum Hügel »Golgatha«, was so viel wie »Schädel« bedeutet. Hier, außerhalb der Stadtmauern von Jerusalem, wurde Jesus hingerichtet.

Mit nüchternen Worten beschreibt der Evangelist Matthäus die letzten Stunden von Jesus, nachdem er vom römischen Gouverneur Pilatus zum Tod verurteilt worden war. Zugegeben, es ist keine schöne Geschichte. Und doch bietet sie den dunklen Hintergrund zu dem, was an Ostern geschah. Erleben wir also mit, wie Jesus starb:

Nachdem sie so ihren Spott mit ihm getrieben hatten, nahmen sie ihm den Soldatenmantel ab, zogen ihm seine eigenen Kleider wieder an und führten ihn hinaus, um ihn ans Kreuz zu nageln. Unterwegs trafen sie einen Mann aus Zyrene namens Simon. Den zwangen sie, für Jesus das Kreuz zu tragen. So kamen sie an die Stelle, die Golgatha heißt, das bedeutet »Schädelplatz«.

Dort gaben sie Jesus Wein mit einem Zusatz, der bitter war wie Galle; aber als er davon gekostet hatte, wollte er ihn nicht trinken. Sie nagelten ihn ans Kreuz und losten dann untereinander seine Kleider aus. Danach setzten sie sich hin und bewachten ihn. Über seinem Kopf hatten sie ein Schild angebracht, auf dem der Grund für seine Hinrichtung geschrieben stand: »Dies ist Jesus, der König der Juden!«

Mit Jesus zusammen wurden zwei Verbrecher gekreuzigt, einer rechts und einer links von ihm. Die Leute, die vorbeikamen, schüttelten den Kopf und verhöhnten Jesus: »Du wolltest den Tempel niederreißen und in drei Tagen wieder aufbauen! Wenn du Gottes Sohn bist, dann befrei dich doch und komm herunter vom Kreuz!«

Genauso machten sich die führenden Priester und die Gesetzeslehrer und Ratsältesten über Jesus lustig. »Anderen hat er geholfen«, spotteten sie, »aber sich selbst kann er nicht helfen! Wenn er der König von Israel ist, soll er vom Kreuz herunterkommen, dann werden wir ihm glauben. Er hat doch auf Gott vertraut; der soll ihm jetzt helfen, wenn ihm etwas an ihm liegt. Er hat ja behauptet: ›Ich bin Gottes Sohn.‹« Genauso beschimpften ihn auch die beiden Verbrecher, die zusammen mit ihm gekreuzigt worden waren.

Um zwölf Uhr mittags verfinsterte sich der Himmel über dem ganzen Land. Das dauerte bis um drei Uhr. Gegen drei Uhr schrie Jesus: »Eli, eli, lema sabachtani?« – das heißt: »Mein Gott, mein Gott, warum hast du mich verlassen?« Einige von denen, die dabeistanden und es hörten, sag-

ten: »Der ruft nach Elija!« Einer lief schnell nach einem Schwamm, tauchte ihn in Essig, steckte ihn auf eine Stange und wollte Jesus trinken lassen. Aber die anderen riefen: »Lass das! Wir wollen sehen, ob Elija kommt und ihm hilft.« Doch Jesus schrie noch einmal laut auf und starb. «

(Matthäus 27,31-50)

So weit der Bericht von Matthäus in seinem Evangelium. Ähnlich beschreiben die anderen Jesus-Biografen sein Sterben am Kreuz. Die Hinrichtung von Jesus war grausam, ungerecht und vor allem endgültig. Allen, die das damals miterlebten, war klar: Jesus ist tot. Und wer einmal tot ist, bleibt das auch.

Doch stimmt das wirklich?

Der Tod – Das letzte Wort?

Das ist die schreckliche Wahrheit von Karfreitag: Jesus war tot. War das das Ende? Alles deutete darauf hin.

Ja, es stimmt: Die Römer hatten die Hinrichtung am Kreuz bis zur Perfektion ausgefeilt. Nichts blieb dem Zufall überlassen. Mit ihrem eigenen Leben bürgten die Soldaten dafür, dass der Verurteilte wirklich so lange am Kreuz hing, bis er endgültig tot war. So war es auch bei Jesus.

Für die Menschen damals war eine Hinrichtung am Kreuz das Schändlichste und Grausamste, was man sich nur vorstellen konnte. Die Kreuzigung war eine Hinrichtungsart, die Nicht-Römern, Kapitalverbrechern und Sklaven vorbehalten war. Am Kreuz hingerichtet zu werden war die größtmögliche Schande.

Verachtet. Ausgestoßen. Entehrt. So starb Jesus, damals am Tag vor dem Sabbat, am Freitagnachmittag, dem ersten Karfreitag.

Das Kreuz – Mitten in Raum und Zeit

Vor einiger Zeit wurde mir bei einem Besuch in Jerusalem wieder einmal ganz klar: Golgatha ist ein wirklicher Ort. Hier war es! Hier starb Jesus am Kreuz.

Wir wissen, wo Golgatha war, dieser Steinbruch außerhalb der Stadtmauer von Jerusalem. Hier hatten die Römer auf einem Felsenstück eine Hinrichtungsstätte errichtet. Ganz bewusst hatten sie diesen erhöhten Ort nahe an der Stadtmauer gewählt. Jeder sollte sehen, dass Rom allein die Macht über Leben und Tod hatte!

Damals, vor der Zerstörung Jerusalems, führte der Weg durch das Gartentor hinaus auf ein wüstes, felsiges Gelände. Generationen von Menschen hatten hier Steine gebrochen, um die Stadt zu bauen. Doch an einer Stelle war der Fels minderwertig und brüchig. Dieser wurde stehen gelassen und erhob sich allmählich über die Umgebung empor. Unheimlich sah er aus, fast wie ein

Schädel, so sagten viele. »Schädelstätte«, auf Aramäisch *Golgatha*, nannten sie ihn.

Hier wurde Jesus gekreuzigt.

Golgatha und Grabeskirche

Heute erhebt sich über dieser Stelle die Grabeskirche. Als der römische Kaiser Konstantin 300 Jahre später das Christentum zu einer erlaubten Religion erklärte, begann seine Mutter Helena unverzüglich mit den Bauarbeiten. Sie wollte die Orte, wo der Erlöser gewirkt hatte, für die Nachwelt bewahren und sichtbar machen.

Der römische Tempel, der nach der Zerstörung Jerusalems inzwischen an dieser Stelle erbaut worden war, wurde deshalb niedergerissen und das gesamte Gelände großflächig eingeebnet. Nur zwei Orte blieben dabei unberührt: Der Felsen Golgatha und der Felsen mit der Grabeshöhle. Sie ragten aus dem neu entstandenen Plateau heraus.

Nun wurde von Osten her eine gewaltige Basilika errichtet, ähnlich der Geburtskirche in Bethlehem. Daran schloss sich eine Art Freiluftgebetsgarten an, in welchem man zuerst den Golgatha-Felsen erreichte und anschließend weiterging zum Grab. So konnte der Besucher der Stadt Jerusalem anschaulich miterleben, wo Jesus gekreuzigt und begraben wurde.

Heute, viele Jahrhunderte später, ist dieses ehemalige Freigelände mit Felsen und Gartengrab überdacht und somit zu einem Teil der Grabeskirche geworden. Diese Kirche hat durch Zerstörungen, Erdbeben und viele Umbauten heute ein völlig anderes Gesicht als damals, als die Kaiserin Helena sie plante. Es fällt dem heutigen Besucher häufig schwer, sich vorzustellen, dass dies wirklich der Ort war, wo Jesus starb.

Hier war es wirklich

Und doch ist dies der Ort, wo es geschah. Und auch in der heutigen Grabeskirche ist die Geschichte noch erkennbar. Man kann in der Kirche ein Stück vom Felsen Golgatha selbst sehen, und auch das Grab, nur einen Steinwurf entfernt, ist noch da, wenn auch mit einer Kapelle überbaut und mit Marmorplatten umhüllt.

Man braucht vielleicht etwas Vorstellungskraft, um sich deutlich zu machen, wie anders dieser Ort vor 2000 Jahren ausgesehen hat. Man muss sich alles wegdenken – die Pilger, die Lampen, die Bilder, die Kerzen, die Altäre, die große, wunderschöne Kuppel über der Grabkapelle.

Doch auch heute noch kann man hier an diesem Ort stehen wie damals die Frauen und Männer, die Jesus bis zum Kreuz gefolgt waren.

Das Grab im Garten

Nicht weit vom Golgatha-Felsen entfernt ging der Steinbruch in einen Garten über. Dort lag eine Grabkammer, die in den nach Westen aufsteigenden Fels eingehauen war. Lukas berichtet, was nach dem Tod von Jesus geschah:

»*Nun war da auch ein Mann namens Josef, ein Mitglied der Regierung, ein wirklich guter und gerechter Mann. Der hatte dem Beschluss der anderen führenden Männer nicht zugestimmt und auch nicht dem, was sie dann taten.*

Josef stammte aus Arimathäa, einer Stadt in Judäa, und gehörte zu denen, die auf das Kommen von Gottes guter Herrschaft ausgerichtet waren. Der ging hin zu Pilatus und erbat von ihm den Körper von Jesus. Er nahm ihn vom Kreuz herunter und wickelte ihn in ein Leinentuch und legte ihn in ein Felsengrab, in dem noch keiner bestattet worden war. Es war ja der Vorbereitungstag, und der eigentliche Sabbattag brach an diesem Abend an.

Die Frauen, die Jesus schon von Galiläa an nachgefolgt waren, liefen hinter Josef her und sahen das Grab und auch, wie er den Körper von Jesus dort hineinlegte. Dann gingen sie zum Haus zurück und bereiteten wohlriechende Salben und Myrrhe vor. Während des Sabbattags hielten sie die vom Gottesgesetz vorgeschriebene Sabbatruhe ein.«

(Lukas 23,50-56)

Abschied von Jesus?

Gekreuzigt, gestorben, begraben. So fasst das apostolische Glaubensbekenntnis die Ereignisse dieses Tages zusammen. Die Abfolge der Ereignisse ist nachvollziehbar, logisch, zwangsläufig so. Wer ans Kreuz genagelt wurde, der kam nicht mehr lebendig herunter. Und wer ins Felsengrab gelegt wurde, der kam nicht mehr lebendig heraus.

Jesus war tot.

Diese bittere Tatsache hatte alles verändert. Alles, worauf die Freunde von Jesus ihre Hoffnung gesetzt hatten, war jetzt wie eine Seifenblase geplatzt. Ihr Meister Jesus war tot. Jetzt hieß es Abschied nehmen. Noch einmal die letzte Ehre erweisen, ihn beklagen und beweinen, wie es richtig und schicklich war. Und dann? Es gab keinen zweiten Plan. Sie hatten alles auf eine Karte gesetzt. Und die war jetzt ausgeschaltet.

Was blieb ihnen denn anderes übrig, als zurückzugehen in das Leben, das sie geführt hatten, bevor Jesus ihnen begegnet war? Aber wie sollte der aussehen, dieser Weg zurück? Was war dort, was das Leben noch hätte lebenswert machen können?

Verzweiflung und Hoffnungslosigkeit hatten sich wie eine lähmende Decke über die Jünger gelegt. Jesus war tot. Und mit ihm waren alle Hoffnung und aller Lebensmut gestorben.

Ostern – Die Wende

Doch dann kam die unerwartete Wendung. Genau wie die Kreuzigung wird sie im Neuen Testament in unglaublicher Sachlichkeit, Knappheit und Nüchternheit berichtet.

» *Dann, am ersten Tag der Woche, dem Tag nach dem Sabbat, kamen sie sehr früh am Morgen zum Grab. Sie trugen die wohlriechenden Salben, die sie zusammengemischt hatten, mit sich. Dort merkten sie, dass der Verschlussstein vom Grabeingang weggerollt war. Sie gingen ins Grab hinein, doch den Körper von Jesus, dem Herrn, fanden sie dort nicht.*

Dann geschah Folgendes: Während sie deshalb noch völlig ratlos dastanden, standen plötzlich zwei Männer in hell strahlender Kleidung vor ihnen. Da wurden sie von Furcht erfasst und beugten sich nieder, mit den Gesichtern zur Erde. Die Männer sagten zu ihnen: »Warum sucht ihr den Lebendigen bei den Toten? Er ist nicht hier! Nein, er ist auferstanden!« «

(Lukas 24,1-6)

Kann das sein? Ist dieser Bericht wirklich glaubwürdig? Ist Ostern echt?

Gekreuzigt. Gestorben. Begraben.

Soweit ist uns dies vielleicht noch bekannt vom Glaubensbekenntnis, das in den Kirchen gesprochen wird. Jesus wurde gekreuzigt. Er ist gestorben und wurde dann ins Grab gelegt.

Diese Reihenfolge ist logisch. Doch jetzt kommt die Wende! Denn es geht weiter im Glaubensbekenntnis der Christenheit. Dort heißt es über Jesus: Am dritten Tag wieder auferstanden von den Toten! Was keiner glauben konnte, ist wahr: Jesus lebt!

Ist das möglich? Denn wenn das stimmt, verändert es alles.

Eine ungeheure Spannung

Der Bericht im Evangelium von Lukas zeugt von der riesigen Spannung, die den Kreis der Freunde von Jesus erfasste. Könnte es sein, dass das, was die Frauen berichteten, wahr ist? Kann das sein, dass der tote Jesus wirklich wieder lebt?

Die Freunde von Jesus hätten das gleich als Ammenmärchen verwerfen können. Doch sie wollen es ganz genau wissen. Und so machen sie sich auf den Weg zum Grab, trotz der Gefahr, die ihnen in der feindlichen Atmosphäre der Stadt Jerusalem droht.

Petrus und Johannes laufen zum Grab und finden es leer vor. Was ist hier geschehen? Wo ist der Leichnam ihres Meisters? Wer hätte ein Interesse daran, diesen geschundenen Körper zu stehlen?

Und dann geschieht es. Jesus selbst tritt auf den Plan. Er erscheint der Maria Magdalena im Garten: »Weine nicht, Maria! Geh und erzähle den anderen, dass ich auferstanden bin!« Am Abend desselben Tages tritt Jesus dann in den Raum, in dem seine Freunde hinter verschlossenen Türen sitzen, und spricht die Worte: »Friede sei mit euch!« Dieser Gruß aus seinem Mund vertreibt alle Sorge und Angst.

Es ist wahr: Der Herr ist auferstanden! Er ist wahrhaftig auferstanden! Jetzt wird alles gut und alles neu.

Das Siegeslied von Ostern

Weil das stimmt, singen die Christen seit Hunderten von Jahren das Siegeslied von Ostern. Sie singen es in den Kirchen und Kapellen. Sie singen es auf den Gräbern und Friedhöfen. Sie singen es auf den Schlachtfeldern der Menschheit. Es ist das Lied vom Sieg des Lebens über den Tod. Christus ist wieder auferstanden!

Das Leben kann neu beginnen.

Christ ist erstanden

Das Osterlied »Christ ist erstanden« ist der wohl älteste liturgische Gesang in deutscher Sprache. Er entstammt dem süddeutsch-österreichischen Kulturkreis schon vor dem Jahr 1100.

»*Christ ist erstanden*
von der Marter alle.
Des solln wir alle froh sein;
Christ will unser Trost sein.
Kyrieleis.

Wär er nicht erstanden,
so wär die Welt vergangen.
Seit dass er erstanden ist,
so freut sich alles, was da ist.
Kyrieleis.

Halleluja,
Halleluja,
Halleluja.
Des solln wir alle froh sein;
Christ will unser Trost sein.
Kyrieleis.«

Der Ort, wo alles begann

Hunderte von Menschen kommen jeden Tag in die heutige Grabeskirche, Tausende sind es jede Woche, Hunderttausende im Jahr. Sie alle wollen die Orte sehen, wo es geschah. Hier war Golgatha. Hier war der Garten mit dem Felsengrab.

Der Strom der Pilger und Touristen fließt unablässig. Ein Sprachengewirr erfüllt die Luft. Manchmal bilden sich lange Warteschlangen vor dem Grab, vom griechisch-orthodoxen Priester im Zaum gehalten. Hin und wieder bahnt sich eine Prozession von Priestern und Diakonen den Weg durch die Kirche. Lateiner, Griechen, Armenier, Syrer, Kopten, sie alle beanspruchen ihren Platz in dieser Kirche. Weihrauch und Kerzenduft, altehrwürdige Gesänge, lange, feierliche Gewänder, Orgelklang und Glocken erfüllen die Atmosphäre.

Wo ist Jesus in der Grabeskirche?

Die Frage steht im Raum: Wo ist Jesus hier?

Und wieder gilt die Antwort: Er ist nicht hier, er ist auferstanden!

Genau das ist die Lösung für die Fragen, die sich mit diesem zentralen Kirchengebäude der Christenheit verbinden, in der nicht nur Einmütigkeit und Frieden herrschen. Der westliche Name, »Kirche des Grabes«, beschreibt nur nüchtern und kalt, was wir dort finden können: das Grab. Der Name, den die orientalischen Christen dieser Kirche geben, nämlich *Anastasis*, weist dagegen hin auf das Wesentliche: die Auferstehung.

Das ist der bessere Name für diesen Ort: Es ist die Auferstehungskirche.

Er ist nicht hier, er ist auferstanden!

Das ist die Botschaft dieser ganz besonderen Kirche bis heute.

Wer die Möglichkeit hat, dorthin nach Jerusalem zu reisen, wird genau das sehen: Das Grab von Jesus ist leer. Und dennoch kann man ihn finden.

Das Leben ist da

Das Grab fest verschlossen
Jesus ist tot
Was kann ich erwarten
Als Angst und Not?

Menschen, die weinen
Hoffnung vorbei
Was kann uns jetzt trösten
Im Klagegeschrei?

Die Botschaft des Engels
Hier ist er nicht
Kannst du das erkennen
Im Morgenlicht?

Es tönt eine Stimme
Was suchst du hier?
Du musst nichts mehr fürchten
Ich bin bei dir!

Halb Furcht und halb Freude
Ist es denn wahr?
Der Tod hat verloren
Das Leben ist da. «

3. Märchen oder Wahrheit

Was ist dran an Ostern?

Was geschah damals wirklich? Wie können wir uns die Stunden nach dem Tod von Jesus vorstellen? Wie vertrauenswürdig ist die Nachricht von der Auferstehung von Jesus?

Diesen Fragen wollen wir in diesem Kapitel noch etwas ausführlicher und genauer nachgehen. Denn wir müssen schließlich Gewissheit bekommen, ob das alles nur Märchen sind, oder ob mit Ostern wirklich eine ganz neue Zeit angebrochen ist.

Ein Tag und eine Nacht

Der Körper von Jesus wurde vom Kreuz abgenommen und in aller Eile in ein Grab gelegt. Zwei einflussreiche Männer taten das, Nikodemus und Joseph von Arimathäa. Sie waren geheime Anhänger von Jesus gewesen. Die Frauen, die Jesus gefolgt waren, hatten sie noch begleitet, um zu wissen, wo genau die Grabeshöhle lag.

Dann fing der Sabbat an, der Ruhetag, an dem keine Arbeit verrichtet werden durfte. So kehrten die Frauen zurück zu den anderen Freunden von Jesus. Diese hatten sich in einem Haus im Südwestviertel der Stadt versammelt und die Türen verriegelt.

Einen ganzen Tag mussten sie warten. Sie verlebten ihn wie im Schock. Das durfte doch nicht wahr sein! Jesus, auf den sie so viele Hoffnungen gesetzt hatten, war jetzt fort. Das Allerschlimmste, das man sich überhaupt vorstellen konnte, war passiert. Alles, wofür sie gelebt hatten, worauf sie gehofft hatten, war kaputt.

Völlig erschüttert saßen sie da, unfähig zu denken oder zu reden. Alles, was ihrem Leben Inhalt und Sinn gegeben hatte, war ihnen genommen worden. Jesus, ihr Freund, ihr Meister, war tot. Wie sollten sie überhaupt weiterleben? Mit diesen trüben Gedanken saßen sie eingeschlossen im Haus.

Der Schock im Morgengrauen

Dann war der Sabbat vorüber. Inzwischen hatten sie gehört, dass römische Wachen vor dem Grab aufgestellt worden waren, in dem Jesus lag.

Dennoch machten sich die Frauen in aller Frühe auf den Weg aus der Stadt hinaus hin zu dem Garten, in dem das Grab lag. Allen voran lief Maria, die Frau aus dem kleinen Ort Magdala. Jesus hatte sie von der Herrschaft böser Geister befreit.

Die Frauen wollten Jesus noch die letzte Ehre erweisen und ihn einbalsamieren. Wie sie das bewerkstelligen sollten, war ihnen nicht klar. Schließlich standen da die Soldaten, und außerdem war der große Verschlussstein vor den Grabeingang gerollt. Aber es sollte sie dennoch nicht aufhalten.

Doch als sie zum Grab kamen, blieben sie wie versteinert stehen. Der Stein war weggerollt! Als sie näher kamen, merkten sie: Das Grab war leer.

Jesus war nicht mehr da. Was für ein Schock!

Die größte Überraschung

Was danach geschah, ist in den Evangelienberichten nachzulesen. Sie sind in ihrer Kürze und Klarheit nicht zu überbieten. Innerhalb weniger Stunden wurde die Welt der Jünger von Jesus noch einmal auf den Kopf gestellt. War schon das Sterben von Jesus am Kreuz ein Schock, so war das, was sie nun erlebten, eine noch größere Umwälzung. Alles, was sie bislang zu glauben oder zu wissen gemeint hatten, galt nicht mehr.

Denn auf einmal begegnete ihnen Jesus. Und zwar lebendig. Lebendiger, als sie je einen Menschen gesehen hatten. Er strahlte förmlich Leben aus. Sein Lachen war unüberhörbar und drang durch alle Schleier ihrer Tränen und durch die Mauern ihrer Angst. Sie sahen ihn und hörten seine Stimme: »Habt keine Angst! Ich bin es! Ich war tot, doch ich lebe! Geht und erzählt es den anderen! Ich, Jesus, habe den Tod überwunden!«

Wunschtraum oder Wirklichkeit?

Wer die Berichte liest, merkt, dass die Jünger selbst völlig überwältigt waren. Alle Versuche, die Auferstehung als psychologische Selbsttäuschung der Nachfolger von Jesus abzutun, greifen zu kurz. Denn das ist klar: Keiner von ihnen hatte das erwartet. Das war völlig außerhalb ihrer kühnsten Gedanken. Sie hatten Jesus ja sterben sehen!

Nein, die Annahme, dass sich die Jünger durch ihre intensive Auferstehungshoffnung sozusagen in den Auferstehungsglauben hineingesteigert hätten, ist nicht haltbar. Die Evangelien machen deutlich: Die Jünger waren genauso geschockt wie alle anderen.

Und doch mussten sie es zugeben: Jesus war wieder lebendig. Er war auferstanden! Und das war für sie der Anfang eines völlig neuen Lebens.

Das leere Grab

Es ging allen so: Keiner der Beteiligten wollte es zuerst glauben. Als die Frauen vom Grab zurückkamen und es den anderen Jüngern erzählten, taten die es als Geschwätz ab.

Petrus aber war sich dann doch nicht so ganz sicher. Er beschloss, zum Grab zu laufen, um selbst nachzusehen. Johannes, der einige Jahre jünger als Petrus war, lief vor ihm her. Als sie dort ankamen, fanden sie den Ort genau so vor, wie die Frauen ihn beschrieben hatten: Der Verschlussstein war fort, die Grabkammer war leer.

Jesus war nicht mehr da.

Aber Johannes sah es ganz genau: Die Leinentücher, in die Jesus eingewickelt war, lagen noch an der Stelle, wo der tote Körper seines Meisters gelegen hatte. Es war so, als wäre er einfach durch sie hindurch weggegangen. Und so mussten sie wieder zurückgehen, noch verwirrter als zuvor.

Wahrheit oder Täuschung?

Am Abend saßen sie alle zusammen, verstört, verschreckt, voller Angst und Zweifel. Was war geschehen? Was war überhaupt passiert? Warum musste Jesus sterben? Und warum war das Grab leer? Und die Erscheinung, die die Frauen gesehen hatten, was hatte es damit auf sich?

Sie berichteten, sie hätten zwei Engel gesehen, die ihnen sagten: Jesus ist nicht hier, er ist auferstanden! Und Maria Magdalena hatte behauptet, dass sie Jesus selbst gesehen hätte. Erst hatte sie gedacht, es sei der Gärtner. Doch als er sie mit Namen angesprochen hatte, hatte sie gemerkt, dass es kein anderer war als Jesus selbst.

Aber konnten sie der Aussage von Maria wirklich glauben?

Jesus mitten unter ihnen

Als sie noch so verängstigt und verwirrt zusammensaßen, begegnete ihnen Jesus. Johannes berichtet von diesem denkwürdigen Ereignis:

» *Als es schließlich Abend geworden war an diesem denkwürdigen Tag, dem ersten Tag der Woche, und die Nachfolger von Jesus die Türen verriegelt hatten in dem Haus, wo sie sich aufhielten – und zwar aus Angst vor den führenden Judäern –, da kam auf einmal Jesus zu ihnen. Er stand bei ihnen und sagte: »Friede euch!«*

Während er das noch sagte, zeigte er ihnen seine Hände und seine Seite. Da wurden seine Nachfolger von Freude erfasst, weil sie ihn, den Herrn, wirklich und wahrhaftig sehen konnten. Noch einmal sagte Jesus zu ihnen: »Friede euch! Genauso wie mein Vater mich als Botschafter ausgesandt hat, so sende ich euch auch aus.« «

(Johannes 20,19-21)

Diese Begegnung veränderte alles. Was sie nicht für möglich gehalten hatten, war doch wahr. Jesus war nicht im Tod geblieben. Er war auferstanden und lebte. Was das wirklich bedeutete, sollten sie in den nächsten Wochen erfahren. Jesus lebt! Das krempelte ihr ganzes Leben um.

Im Neuen Testament sind diese Osterbegegnungen niedergeschrieben. Sie berichten von der Begegnung von Männern und Frauen mit dem auferstandenen Jesus. Unter ihnen waren Petrus und Johannes, Maria Magdalena und die anderen Frauen, Thomas und Jakobus und andere.

Hier können wir nicht alle diese Geschichten wiedergeben. Dennoch wollen wir uns noch ein paar dieser spannenden Berichte anschauen. Denn diese Ostergeschichten sind der Anfang einer ganz neuen Geschichte.

Zwei Männer unterwegs nach Emmaus

Es war der Tag nach dem Sabbat. Zwei der Jünger von Jesus waren schon am Morgen aufgebrochen, weg von Jerusalem, hin zu ihrem Heimatort Emmaus. Sie wollten einfach alles hinter sich lassen. Sie wollten vergessen und versuchen, so weiterzuleben, als sei nichts geschehen.

Jerusalem war für sie zu einer Stadt des Grauens geworden. Hier war ihr Freund und Meister Jesus zu Unrecht verurteilt und hingerichtet worden. Hier saßen nach wie vor die Mächtigen, die sich in ihrer Feindschaft gegen Jesus zusammengerottet hatten, und drohten auch ihnen, den Anhängern des verworfenen Messias.

Die beiden waren verstört und verunsichert. War alles nur eine Täuschung gewesen? Auf jeden Fall ließen sie jetzt Jerusalem und damit die anderen Nachfolger von Jesus hinter sich. Endgültig wollten sie einen Schlussstrich ziehen.

Und so waren sie auf dem Weg in das Dorf Emmaus, das gut zwanzig Kilometer westlich von Jerusalem lag, am Fuß des Berglandes von Judäa, und unterhielten sich über das, was sie erlebt hatten. Was auf diesem Weg geschah, berichtet Lukas in seinem Evangelium:

» *Während sie so miteinander im Gespräch waren, kam Jesus selbst nahe an sie heran und wanderte zusammen mit ihnen. Doch ihre Augen waren verdeckt, sodass sie ihn nicht erkannten. Da stellte er ihnen die Frage: »Was sind das für Dinge, die ihr hier besprecht, während ihr miteinander auf dem Weg seid?«*

Traurig blieben sie stehen. Einer der beiden, der Kleopas hieß, antwortete ihm: »Warst du der einzige Besucher in Jerusalem, der nicht weiß, was in diesen Tagen in der Stadt geschehen ist?« Jesus fragte sie: »Was denn?«

Sie antworteten: »Das mit Jesus von Nazareth! Der war ein Mann, der zum Propheten berufen war. Er war mächtig in Tat und Wort, sowohl vor Gott als auch vor dem gesamten jüdischen Volk. Den haben unsere obersten Priester und Regierenden ausgeliefert, um ihn zum Tod zu verurteilen und kreuzigen zu lassen. Und wir hatten doch unsere Hoffnung darauf gesetzt, dass er derjenige ist, der dem Volk Israel die schon lange erwartete Befreiung bringt. Darüber hinaus ist es heute schon der dritte Tag, seitdem das geschehen ist.

Außerdem haben uns einige von den Frauen, die zu uns gehören, in Aufregung versetzt. Die waren früh am Morgen am Grab. Dort haben sie den Körper von Jesus nicht gefunden. Sie kamen zu uns zurück und sagten, dass sie eine

Erscheinung von Engeln gesehen hätten, und die hätten gesagt, dass er lebendig sei. Einige von uns sind dann zum Grab gegangen und haben es so vorgefunden, wie die Frauen es gesagt haben, aber ihn selbst haben sie nicht gesehen.«

Da sagte er zu ihnen: »Ihr seid wirklich unverständig und eure Herzen sind unbeweglich geworden! So könnt ihr dem nicht Glauben schenken, wovon doch alle Propheten gesprochen haben. War es nicht unbedingt notwendig, dass der Messias dieses Leiden auf sich nimmt und dadurch dann zu der ihm zustehenden Ehrenstellung kommt?« Dann fing er an bei den Büchern von Mose und von allen Propheten und erklärte ihnen das, was in all diesen heiligen Schriften über ihn ausgesagt wird.

So kamen sie in die Nähe des Dorfes, zu dem sie unterwegs waren. Da tat Jesus so, als wollte er weitergehen. Doch sie redeten auf ihn ein und sagten: »Bleib doch bei uns, denn der Mittag ist schon vorüber und der Tag neigt sich zum Abend hin!« Da ging er in das Haus, um bei ihnen zu bleiben.

Dann geschah es: Als er mit ihnen am Tisch saß, nahm er das Brot, sprach das Dankgebet, brach es in Stücke und gab es ihnen. Da wurden ihre Augen geöffnet und sie erkannten Jesus. Doch er wurde unsichtbar für sie. «

(Lukas 24,14-31)

»Da wurden ihre Augen geöffnet und sie erkannten ihn.« Jesus hatte sich zu ihnen gesellt auf dem Weg nach Emmaus. Auf dem Weg der Traurigkeit und Verzweiflung, und plötzlich war alles anders geworden.

Ihre Trauer wich der Freude. Verzweiflung und Hoffnungslosigkeit hatten keinen Platz mehr in ihrem Herzen. Auf einmal verstanden sie: Das Kreuz war kein Unfall, sondern Teil von Gottes gutem Plan, lange schon vorhergesagt und vorbereitet. Das Unfassbare war Wirklichkeit geworden. Jesus ist auferstanden! Jesus hatte die Tür aufgestoßen in ein neues Leben.

Das konnten sie nicht für sich behalten.

Gute Nachricht in Jerusalem

Und so liefen sie wieder zurück nach Jerusalem. Das mussten sie den anderen mitteilen! Noch vor Mitternacht kamen sie an. Doch kaum kamen sie in den Raum, da erwartete sie eine neue Überraschung.

» *Dort fanden sie die Elf und die anderen, die bei ihnen waren, alle zusammen vor. Die sagten: »Es ist tatsächlich so: Der Herr ist auferstanden und hat sich dem Simon gezeigt!« Da erzählten sie ihnen ganz ausführlich das, was auf dem Weg geschehen war und wie Jesus sich ihnen beim Brotbrechen zu erkennen gegeben hatte.* «

(Lukas 24,33-35)

Auch diesmal war Jesus ihnen zuvorgekommen:

»Während sie noch miteinander darüber sprachen, stand Jesus auf einmal in ihrer Mitte und sagte zu ihnen: »Friede euch!« Furcht und Erschrecken erfasste sie und sie meinten, dass sie einen Geist sähen.

Da sagte er zu ihnen: »Warum erschreckt ihr euch so? Und weshalb finden solche Gedanken Eingang in eure Herzen? Seht doch meine Hände und meine Füße, dass ich es wirklich bin! Fasst mich an und seht genau hin! Denn ein Geist hat doch kein Fleisch und keine Knochen! Und ihr seht ja, dass ich sie habe!«

Mit diesen Worten streckte er ihnen seine Hände und Füße entgegen. Als sie aber vor lauter Freude immer noch nicht glauben konnten und voller Verwunderung waren, sagte Jesus zu ihnen: »Habt ihr hier irgendetwas Essbares?« Da reichten sie ihm ein Stück gebratenen Fisch. Das nahm er und aß es vor ihren Augen.«

(Lukas 24,36-44)

In Emmaus, in Jerusalem, in Judäa und auch in Galiläa – überall war Jesus, der Auferstandene unterwegs. Unterwegs zu denen, die ihn lieb hatten.

Was, wenn Jesus nicht auferstanden wäre?

In diesem kleinen Buch kann ich keine allumfassende Beweisführung für die Tatsächlichkeit der Auferstehung liefern.[1] Aber ich will doch ein paar der Fakten aufzählen, die zeigen, dass wir es hier nicht mit frommem Wunschdenken, sondern mit einer historischen Tatsache zu tun haben. Denn mit der Auferstehung von Jesus steht und fällt der ganze christliche Glaube.

Wenn Jesus nicht auferstanden ist, dann ist das Christentum nichts anderes als ein Jesus-Erinnerungsverein. Ganz nett, aber nicht weltbewegend. Dann ist Jesus auch letztlich nicht mehr als einer der großen Lehrer der Menschheit, der zwar viele gute Dinge gesagt hat, die wichtig und bedeutend sind, der aber letztlich doch gescheitert ist.

Wenn Jesus nicht auferstanden ist, dann haben sich alle getäuscht, die wegen Jesus auf Annehmlichkeiten verzichtet haben, die ihr Leben für die Sache von Jesus eingesetzt haben oder die vielleicht sogar, wie die unzähligen Märtyrer zu allen Zeiten, ihr Leben für Jesus gelassen haben.

Wenn Jesus nicht auferstanden ist, dann haben alle Menschen auf die falsche Karte gesetzt, die darauf gehofft haben, dass am Ende der Zeiten Jesus als Herr über alles eine neue Schöpfung, einen neuen Himmel und eine neue Erde schaffen wird.

Wenn Jesus nicht auferstanden ist, dann ist alles, was im Neuen Testament über seine Auferstehung berichtet

[1] *Das ist ausführlicher dargelegt im Buch „Faszination Jesus – Was wir wirklich von Jesus wissen können" (Roland Werner und Guido Baltes, 4. Auflage, Brunnen, 2017).*

wird, falsch, dann beruht es auf einer großen Täuschung oder ist eine bewusste Lüge.

Entweder – oder!

Die ersten Christen sahen diese Alternative ganz deutlich. So schreibt der Apostel Paulus:

» *Wenn der Messias nicht zum Leben auferweckt worden ist, dann ist euer gesamter Glaube ohne Bedeutung und ihr seid immer noch in eurer Lebensschuld gefangen!*

Dann sind folgerichtig auch die, die im Vertrauen auf den Messias gestorben sind, noch außerhalb der lebensschaffenden Beziehung zu Gott.

Wirklich, wenn wir nur in diesem Leben unsere Hoffnung auf den Messias gesetzt haben, dann sind wir unter allen Menschen die, die am meisten zu bemitleiden sind! «

(1. Korinther 15,17-19)

Für die ersten Christen war das eine klare Alternative: Entweder stimmt das mit der Auferstehung oder nicht. Sie waren nicht bereit, sich selbst zu täuschen oder einem Märchen aufzusitzen. Schließlich hing ihr ganzes Leben daran.

Die Tatsächlichkeit der Auferstehung

Direkt danach schreibt Paulus: *»Doch jetzt ist es so: Der Messias ist auferstanden, als Erster von allen, die gestorben sind.«* (1. Korinther 15,20) Es geht also um eine Tatsache, so unwahrscheinlich sie auch scheinen mag. Die Tatsache ist: Jesus ist unbezweifelbar von den Toten auferstanden.

Genau diese Tatsache will er den Christen in Korinth in Erinnerung bringen. Deshalb erinnert er sie daran, dass die Freunde von Jesus genau dadurch vom Zweifel zum Glauben gekommen sind.

» *Er wurde ins Grab gelegt. Er wurde am dritten Tag wieder zum Leben erweckt, so wie das Buch Gottes es schon vorhergesagt hat. Dann erschien er dem Kephas und danach der Gruppe seiner zwölf Weggefährten. Danach erschien er deutlich fünfhundert Schwestern und Brüdern gleichzeitig. Von denen sind die meisten noch bis jetzt am Leben, doch einige sind gestorben. Danach erschien er dem Jakobus und danach der gesamten Gruppe der Apostel.* «

(1. Korinther 15,4-7)

Genau diese Tatsache war der Grund, warum nach der Kreuzigung nicht alles aus war.

Paulus begegnet dem lebendigen Jesus

Die Erkenntnis, dass Jesus lebt, hat Paulus vom brutalen Verfolger der Christen zum überzeugten Missionar für Jesus gemacht. Als er auf einer seiner Kampagnen gegen die Christen war, musste er auf einmal merken, dass er auf das völlig falsche Pferd gesetzt hatte. Er selbst beschreibt diesen Wendepunkt so:

Doch warum wird es als unglaublich angesehen, dass Gott die Toten wieder auferweckt? Ich war damals selbst der Meinung, dass ich mit aller Kraft gegen den Namen von Jesus, dem Mann aus Nazareth, kämpfen müsste. Das habe ich auch in Jerusalem getan und habe viele der Menschen, die zu Gott gehörten, ins Gefängnis gebracht, als ich von den obersten Priestern die Vollmacht dazu bekommen hatte. Und als sie umgebracht wurden, habe ich dem auch zugestimmt. Ich bin von Synagoge zu Synagoge gezogen und habe sie unter Folter gezwungen, Jesus abzuschwören. Ich war völlig außer mir vor Wut über sie und verfolgte sie sogar bis in die Städte im Ausland.

Dabei reiste ich auch nach Damaskus, ausgestattet mit Vollmachtsschreiben und der Erlaubnis von den obersten Priestern. Da sah ich mitten am Tag auf dem Weg, o König, ein Licht vom Himmel. Es schien heller als die Sonne und umstrahlte mich und meine Reisebegleiter. Als wir alle auf den Boden gefallen waren, hörte ich eine Stimme, die zu mir in hebräischer Sprache sagte: »Saul, Saul, warum verfolgst du mich? Es wird dir sehr schwerfallen, gegen den Stachel auszuschlagen.«

Da fragte ich: »Wer bist du, Herr?« Da sagte der Herr: »Ich bin Jesus, der, den du verfolgst! Aber steh auf und stell dich auf deine Füße! Denn genau dazu bin ich dir erschienen, um dir deine Bestimmung zu zeigen. Du sollst mir dienen und öffentlich bezeugen, was du siehst und was ich dir noch zeigen werde.«

(Apostelgeschichte 26,8-16)

Die radikale Lebenswende von Paulus ist nur dadurch zu verstehen, dass er tatsächlich dem lebendigen Jesus begegnet ist. Nur so ist erklärbar, dass er vom Christenfeind zum Verkündiger wurde, vom Christenverfolger zu einem, der selbst für seinen Glauben an Jesus verfolgt und schließlich getötet wurde.

Ein Familienangehöriger kommt zum Glauben

Genauso ist die Kehrtwendung im Leben von Jakobus, dem leiblichen (Halb-)Bruder von Jesus, nur durch die Auferstehung zu erklären. Vorher hatte er nicht zu den Jüngern von Jesus gehört. Im Gegenteil, er war sogar dagegen, dass Jesus durch die Gegend zog, verkündigte und heilte.

Das Erstaunliche ist, dass Jakobus nach der Kreuzigung auf einmal zu der Gemeinde der Glaubenden gehört und später sogar für diesen Glauben stirbt. Was hat ihn dazu gebracht? Ein einziger Satz erklärt alles: *»Danach erschien er [Jesus] dem Jakobus.«* (1. Korinther 15,7)

Von Jakobus, dem Bruder von Jesus, hören wir auch außerhalb des Neuen Testaments, nämlich beim bedeutendsten jüdischen Geschichtsschreiber des ersten Jahrhunderts, Josephus Flavius. Er berichtet vom Tod von Jakobus dem Gerechten auf Anstiften des Hohepriesters im Jahr 62 n. Chr. So starb auch Jakobus, der Halbbruder Jesus, für seinen Glauben an Jesus, den Messias.[2]

Vom Zweifel zur Gewissheit

Noch anders erging es Thomas. Er gehörte zum engsten Kreis der Jünger. Doch er war nicht dabei, als Jesus am Abend des Auferstehungstages in den verschlossenen Raum kam. Er konnte sich nicht vorstellen, dass das Wahrheit sein sollte, was alle seine Freunde erzählten. Er blieb skeptisch.

Doch sein Zweifel führte ihn nicht dazu, sich von den anderen abzusondern. Trotz allem blieb er bei den

---

[2] *Josephus, Antiquitates 20, 9.1: »Er versammelte daher den hohen Rat zum Gericht und stellte vor dasselbe den Bruder des Jesus, der Christus genannt wird, mit Namen Jakobus, sowie noch einige andere, die er der Gesetzesübertretung anklagte und zur Steinigung führen ließ.«*

Jüngern. Wenn sich Jesus noch einmal jemandem zeigen würde, dann doch wahrscheinlich seinen engsten Freunden.

Thomas stellte ganz klare Bedingungen auf: *»Wenn ich nicht selbst in seinen Händen die Stelle sehe, wo die Nägel hindurchgeschlagen wurden, und meinen Finger genau auf diese Stelle legen kann und mit meiner Hand seine Seitenwunde anfassen kann, dann werde ich es nicht glauben!«* (Johannes 20,25)

Acht Tage später war es soweit. Jesus war auf einmal wieder da. Und das genügte, sogar für Thomas. Die Wirklichkeit des unzerstörbaren Lebens, die in der Person Jesus da war, als er den Raum betrat, machte jeden weiteren Zweifel unmöglich.

So reagierte Thomas auch ganz anders, als er selbst gedacht hatte. Statt erst zu prüfen und dann neutral darüber zu entscheiden, ob das alles glaubwürdig war oder nicht, fiel er vor Jesus auf seine Knie und sagte: *»Du bist mein Herr und mein Gott!«* (Johannes 20,28)

Die Frage, ob Jesus wirklich auferstanden war oder nicht, war für ihn ein für alle Mal geklärt.

Der lebendige Jesus

Und so ging es unzähligen anderen. Den mehr als 500 Männern, die ihn auf einmal sahen.[3] Den Hunderten, Tausenden und Millionen Menschen, die im Lauf der Jahrhunderte Jesus begegnet sind. Sie alle kamen vom Zweifel zur Gewissheit. Sie alle erkannten: So unwahrscheinlich es auch aussieht: Jesus ist wirklich auferstanden.

Ein Tag, der die Welt veränderte

Auf unserer Entdeckungsreise in Sachen Jesus sind wir an diesem Punkt angekommen: Jesus lebt! Er ist von den Toten auferstanden! Das ist eine geschichtliche Tatsache. Jeder Versuch, sie zu leugnen, muss scheitern.

Aber es ist mehr als eine Tatsache der Vergangenheit. Denn wichtig ist, was die Auferstehung bedeutet: Dass der Tod Jesus nicht halten konnte. Dass Jesus mächtiger ist als der Tod. Dass Jesus Herr über Leben und Tod ist. Seit diesem Tag, dem dritten Tag nach der Kreuzigung von Jesus, ist die Welt anders. Seit diesem Tag ist die endgültige Herrschaft des Todes abgeschafft.

---

[3] *»Dann haben ihn mehr als fünfhundert Brüder zur gleichen Zeit gesehen, von denen die meisten noch heute leben; einige sind inzwischen gestorben.« (1. Korinther 15,6)*

Die Auferstehung von Jesus bringt den Durchbruch. Der Tod hat nicht das letzte Wort. Und wenn du – wie die Jünger damals und wie unzählige Menschen in der Geschichte – dem lebendigen Jesus begegnest, wird alles in deinem Leben neu.

Alles wird neu

» *Das Grab konnte ihn nicht halten*
Frühmorgens am dritten Tag
Bebte die Erde
Wich der Verschlussstein
Jesus war frei

Der Tod konnte ihn nicht halten
An diesem Tag und auf ewig
Zittert die Hölle
Weichen die Ängste
Jesus ist Herr

Die Welt kann ihn nicht halten
Am Ende der Zeiten
Erbebt die Erde
Weicht das Dunkel
Alles wird neu «

4. Ostern ist mehr

Wie Ostern unser Leben verändern kann

Jesus ist auferstanden. Diese Tatsache hat bereits das Leben von Millionen von Menschen durch die Zeitgeschichte hindurch verändert. Doch die Frage bleibt: Wie verändert dieses Geschehnis unser Leben heute? Was ist der eigentliche Inhalt von Ostern?

Ostern ist mehr – Das Fest des Lebens

Ostern bedeutet Leben. Denn durch die Auferweckung von Jesus überwindet Gott den Tod ein für alle Mal.

Ostern ist mehr – Das Fest der Hoffnung

Weil Jesus lebt, hat der Tod nicht das letzte Wort. Menschen, die an ihn glauben und so mit ihm verbunden sind, haben Anteil an seinem unzerstörbaren Leben.

Ostern ist mehr – Das Fest der Freude

Deshalb gehört in vielen Weltgegenden das Osterlachen zum Fest dazu. Wer begriffen hat, dass Jesus den Tod überwunden hat, kann nicht mehr auf Dauer in Trauer und Verzweiflung verharren. Die Freude siegt, weil Jesus auferstanden ist.

Davon spricht auch dieses Lied, das nicht nur zu Ostern, sondern passenderweise auch häufig bei Beerdigungen gesungen wird. Es ist ein Lied der Hoffnung – gegen den Tod.

» *Jesus lebt, mit ihm auch ich!*
Tod, wo sind nun deine Schrecken?
Er, er lebt und wird auch mich
von den Toten auferwecken.
Er verklärt mich in sein Licht;
dies ist meine Zuversicht.

Jesus lebt! Ihm ist das Reich
über alle Welt gegeben;
mit ihm werd auch ich zugleich
ewig herrschen, ewig leben.
Gott erfüllt, was er verspricht:
dies ist meine Zuversicht.

Jesus lebt! Wer nun verzagt,
lästert ihn und Gottes Ehre.
Gnade hat er zugesagt,
dass der Sünder sich bekehre.
Gott verstößt in Christus nicht;
dies ist meine Zuversicht.

Jesus lebt! Sein Heil ist mein,
sein sei auch mein ganzes Leben;
reines Herzens will ich sein,
bösen Lüsten widerstreben.
Er verlässt den Schwachen nicht;
dies ist meine Zuversicht.

Jesus lebt! Ich bin gewiss,
nichts soll mich von Jesus scheiden,
keine Macht der Finsternis,
keine Herrlichkeit, kein Leiden.
Seine Treue wanket nicht;
dies ist meine Zuversicht.

Jesus lebt! Nun ist der Tod
mir der Eingang in das Leben.
Welchen Trost in Todesnot
wird er meiner Seele geben,
wenn sie gläubig zu ihm spricht:
»Herr, Herr, meine Zuversicht!«

Christian Fürchtegott Gellert, 1757

Ostern ist mehr – Ein Geschenk

Ostern ist ein Geschenk. Ein Geschenk muss angenommen und ausgepackt werden. So ist es auch mit Ostern. Das größte Geschenk ist Jesus Christus selbst. Wer ihn aufnimmt, der hat das neue Leben. Das ewige Leben, das unzerstörbar ist. Deshalb ist die Botschaft von Ostern so großartig und so wichtig. Denn hier ist das Ende jeder Sentimentalität und jeder selbst gemachten Religion.

Ostern sagt uns: Der Tod hat nicht das letzte Wort. Weil Jesus auferstanden ist, können auch wir mit ihm ewig leben. Ostern ist ein Geschenk. Wir können uns das nicht erarbeiten. Gott schenkt uns neues Leben, wenn wir auf Jesus Christus vertrauen und unser Leben mit ihm verbinden.

Jetzt bleibt uns nur noch eins: Ihn als den Lebendigen in unserem Leben willkommen zu heißen. Das ist die angemessene Antwort auf Ostern.

Ostern ist mehr – Eine Entdeckungsreise

Nun geht die Reise erst richtig los. Denn jetzt heißt es, immer mehr zu entdecken, wer Jesus ist. Und diese Entdeckungsreise wird unser Leben erneuern. Alle Jahre wieder lädt uns das Osterfest ein, Jesus zu suchen und zu finden.

Ich wünsche Ihnen, dass Sie den Mut haben, diesen Weg zu gehen und den Spuren zu folgen. Bis Sie dort ankommen, wohin Ostern uns führen will: dem Ort, an dem sich Himmel und Erde berühren.

Ostern kann Ihr und mein Leben verändern. Und zwar dann, wenn Sie und ich das große Geschenk annehmen, das uns an diesem größten Fest gemacht wird. Das Geschenk, das einen Namen trägt:

Jesus Christus.

Dann wird es Ihnen gehen wie den Frauen damals, als sie am leeren Grab entdeckten: Jesus lebt!

Ostern ist mehr – Die Tatsächlichkeit der Auferstehung

Der Apostel Paulus schreibt über die Auferstehung von Jesus und ihre Bedeutung in seinem Brief an die neu gewonnenen Christen in Korinth. Er schrieb um das Jahr 51 n. Chr., also etwa zwanzig Jahre nach dem Sterben und der Auferstehung von Jesus.

Hier werden Auszüge aus dem 15. Kapitel des 1. Korintherbriefs abgedruckt. Sie zeigen, dass Paulus und die ersten Christen ganz davon überzeugt waren, dass Jesus auferstanden ist. Dafür waren sie bereit zu leben, und, wenn nötig, auch zu sterben. Mit diesen Worten möchte ich Sie in die Freude des Osterfestes entlassen.

Das schreibt also Paulus:

Ich habe euch ja ganz am Anfang das als verbindliche Wahrheit übergeben, was ich auch selbst so übernommen habe: Der Messias ist für unsere Sünden gestorben, so wie es ja auch in Gottes Buch geschrieben steht. Er wurde ins Grab gelegt. Er wurde am dritten Tag wieder zum Leben erweckt, so wie das Buch Gottes es schon vorhergesagt hat. Dann erschien er dem Kephas und danach der Gruppe seiner zwölf Weggefährten. Danach erschien er deutlich fünfhundert Schwestern und Brüdern gleichzeitig. Von denen sind die meisten noch bis jetzt am Leben, doch einige sind gestorben. Danach erschien er dem Jakobus und danach der gesamten Gruppe der Apostel. Als Letztem von allen erschien er auch mir, der ich ja sozusagen eine Totgeburt war.

Wenn es nun so ist, wie alle übereinstimmend verkünden, dass er, der Messias, wieder vom Tod auferstanden ist, wie kann es dann sein, dass einige von euch sagen, dass es überhaupt keine Auferstehung der Toten gebe? Wenn es keine Auferstehung der Toten gibt, dann ist ja demnach auch der Messias nicht wieder zum Leben auferweckt worden!

Wenn nun der Messias nicht auferweckt wurde, dann ist unsere Botschaft in der Tat bedeutungslos und auch euer Glaube hat keinen wirklichen Inhalt. Und dann wären wir ja Leute, die falsche Aussagen über Gott machen!

Denn wir würden dann behaupten, dass Gott den Messias wieder zum Leben erweckt habe, was er in Wirklichkeit gar nicht getan hätte! Doch den hätte er dann ja in Wirklichkeit nicht zum Leben auferweckt, wenn die Aussage stimmen würde, dass die Toten nicht auferweckt werden! Wenn also die Toten nicht wieder zum Leben erweckt werden, dann ist folglich auch der Messias nicht zum Leben erweckt worden! Und wenn der Messias nicht zum Leben auferweckt worden ist, dann ist euer gesamter Glaube ohne Bedeutung und ihr seid immer noch in eurer Lebensschuld gefangen!

Dann sind folgerichtig auch die, die im Vertrauen auf den Messias gestorben sind, noch außerhalb der lebensschaffenden Beziehung zu Gott. Wirklich, wenn wir nur in diesem Leben unsere Hoffnung auf den Messias gesetzt haben, dann sind wir unter allen Menschen die, die am meisten zu bemitleiden sind! Doch jetzt ist es so: Der Messias ist auferstanden, als Erster von allen, die gestorben sind.

Denn es ist so: Wie durch einen bestimmten Menschen der Tod gekommen ist, so fängt auch die Auferstehung der Toten mit einem Menschen an. Genauso wie alle Menschen durch Adam vom Tod erfasst worden sind, so werden auch alle durch den Messias wieder zum Leben erweckt werden. Jeder Einzelne erlebt die Auferstehung in einer ganz bestimmten Abfolge:

Der Bahnbrecher ist der Messias. Danach folgen die, die zum Messias gehören, dann, wenn er sichtbar vor allen erscheinen wird. Und danach kommt das Ende, wenn er die Königsherrschaft Gott dem Vater wieder übergibt, dann, wenn er alle Herrschaft, Autorität und Macht vernichtet hat. Denn er muss als König regieren bis zu dem Zeitpunkt, an dem er ihm alle seine Feinde endgültig unter seine Füße gelegt hat. Der allerletzte Feind, der vernichtet wird, das ist der Tod.

Vielleicht stellt jetzt jemand die Frage: Wie ist das denn, wenn die Toten wieder zum Leben erweckt werden? Wie wird der Körper aussehen, mit dem sie erscheinen? Wie dumm du doch bist! Was du säst, wird nur dann wieder zum Leben erwachen, wenn es vorher stirbt.

Und bei dem, was du säst, ist es ja so: Du säst ja nicht die Gestalt der Pflanze, die dann entstehen wird, sondern ein einfaches, nacktes Korn, zum Beispiel ein Weizenkorn oder irgendein anderes. Gott hat jedem seine ganz eigene Gestalt gegeben, so wie es ihm gefiel, und also auch jedem einzelnen Samenkorn seine jeweilige Gestalt.

So ist es auch beim Fleisch: Nicht alle sind gleich beschaffen, sondern es unterscheidet sich. Es ist anders bei den Menschen, den Tieren, den Vögeln und den Fischen. Genauso gibt es Körper, die zur Himmelswelt gehören, und Körper hier auf der Erde. Auch der Glanz der Körper, die zur Himmelswirklichkeit gehören, ist anders als der von denen, die sich hier auf der Erde befinden.

Der Lichtschein der Sonne ist anders und wiederum anders ist das Leuchten des Mondes und noch anders der Glanz der Sterne. Und auch die Sterne unterscheiden sich voneinander in Bezug auf ihre Leuchtkraft. Genauso ist es bei der Auferstehung der Toten auch. Es wird in einer vergänglichen Gestalt gesät, aber in einer unvergänglichen Wirklichkeit werden die Menschen dann wieder zum Leben erweckt.

Ja, ohne bleibende Ehre wird der Mensch in die Erde gelegt, aber er wird auferstehen in großer Herrlichkeit. So kann man sagen: In Schwachheit wird gesät und in Kraft ereignet sich dann die Auferweckung. Ein ganz natürlicher Körper wird in die Erde eingesät und ein von Gottes Geist gestalteter Körper wird wieder zum Leben erweckt. Wenn es einen natürlichen Körper gibt, dann gibt es auch einen geistlichen Körper.

Diese Wahrheit betrifft uns alle: Genauso wie wir in unserem Aussehen Adam gleich sind, dem von der Erde genommenen ersten Menschen, so werden wir auch das

Ebenbild dessen sein, der vom Himmel kommt, nämlich Jesus.

Was will ich damit sagen, Schwestern und Brüder? Dieses: Menschen aus Fleisch und Blut können so, wie sie sind, nicht zu Erben der neuen Wirklichkeit Gottes werden. Ja, das, was vergänglich ist, wird nicht in die unvergängliche Himmelswelt gelangen können. Passt gut auf! Ich sage euch ein ganz besonderes Geheimnis. Wir werden nicht alle sterben, aber wir werden alle umgestaltet werden. In einem einzigen Augenblick, beim letzten Posaunenstoß, wird es geschehen. Die Posaune wird ertönen und die Toten werden auferweckt. Unvergänglich werden sie sein, und auch wir werden ganz und gar verwandelt werden. Ja, es muss so kommen: Dieses Vergängliche muss die Unvergänglichkeit anziehen und dieser sterbliche Körper die Unsterblichkeit.

Wenn diese vergängliche Wirklichkeit mit der Unvergänglichkeit umhüllt wird und das, was dem Tod verfallen ist, mit der Unsterblichkeit, dann wird sich das erfüllen, was in Gottes Buch geschrieben ist: »Der Tod ist vom Sieg verschlungen! Wo ist nun, Tod, dein Sieg? Ja, Tod, wo ist denn dein Stachel?« Der Stachel des Todes ist die Schuld, und die Kraft der Schuld liegt im Gesetz. Doch Gott sei Dank gebracht! Er schenkt uns den Sieg durch unseren Herrn, den Messias Jesus! «

(1. Korinther 15, 3-8; 12-26; 35-45; 50-57)

5. Ostern von A – Z

Was Sie schon immer wissen wollten

Im Folgenden sind einige Begriffe und Bräuche zu Ostern vorgestellt – frei gemischt und alphabetisch geordnet. Kurioses, Interessantes und Kostbares finden Sie hier. Denn Ostern hat unsere europäische Kultur und die Kulturen in aller Welt geprägt. In allem und immer wieder leuchtet dabei etwas von der Freude und der Hoffnung auf, die Ostern bedeutet.

Auferstehung

In den Evangelien wird die Auferweckung Jesu von den Toten als Tat Gottes beschrieben. Die Auferstehung selbst wurde von niemandem beobachtet. Nur die Folgen sind sichtbar: das leere Grab, die Leintücher, das Reden der Engel, der auferstandene Jesus selbst – und schließlich die Auswirkungen dieses Geschehnisses in den zweitausend Jahren danach im Leben von Millionen von Menschen.

Ohne die Auferstehung gäbe es weder das Christentum noch die Hoffnung auf Erlösung und Wiederherstellung. Es gäbe keine Gewissheit, dass der Tod besiegt ist. Die Auferstehung ist neben der Geburt von Jesus und seinem Tod am Kreuz das zentrale Ereignis im Christentum.

Auferstehungsikone

Die wohl bekannteste Osterikone ist die orthodoxe Auferstehungsikone, auch Anastasis-Ikone genannt. Im Gegensatz zur westlichen Maltradition, in der zumeist das Geschehen der Auferstehung selbst darzustellen versucht wird, konzentriert sich die orthodoxe Anastasis-Ikone auf die geistliche Auswirkung dieser unfassbaren Geschichte: Jesus besiegte durch seine Auferstehung den Tod und die Hölle.

In der Anastasis-Ikone ist deshalb für gewöhnlich Jesus als Sieger über dem Grab zu sehen, der mit seinen Händen Adam und Eva aus der Hölle zieht. Diese Darstellung bezieht sich auf eine Osterpredigt von Johannes Chrysostomos aus dem 4. Jahrhundert, die bis heute in der orthodoxen Osterliturgie gepredigt wird: *»Heute ruft der Hades und stöhnt: Besser wäre mir gewesen, ich hätte Mariens Sohn nicht aufgenommen. Denn da er zu mir gekommen, hat er meine Herrschaft vernichtet und die ehernen Tore zertrümmert; die Seelen, die ich einst besaß, hat als Gott er auferweckt.«*

Christus

Christus ist kein Name, sondern die lateinische Form von griechisch *christos*, »der Gesalbte«. Das wiederum ist eine Übersetzung des hebräischen *maschiach*, in griechischer Version auch »Messias«.

»Der Gesalbte« war im Alten Testament ein Ehrentitel für den König. Später war nur noch von dem einen Messias die Rede, der kommen sollte, um dem Volk die Befreiung zu bringen.

Immer wieder wurde Jesus von den Menschen um ihn herum gefragt, ob er denn nun »der Messias« bzw. »der Christus« sei – und Jesus selbst bestätigte es schließlich:

Da sagte der oberste Priester zu ihm: »Ich beschwöre dich feierlich bei dem lebendigen Gott, dass du uns sagst, ob du der Messias bist, der Sohn Gottes!« Da antwortete Jesus: »Du selbst hast es gesagt!«

(Matthäus 26,63-64)

Der »dritte Tag«

Der »dritte Tag« bezieht sich auf den Tag der Auferstehung von Jesus. Schon Paulus bezeugt in seinem Glaubensbekenntnis im ersten Korintherbrief, dass Jesus am *»dritten Tag gemäß der Schrift«* (1. Korinther 15,4) von den Toten erweckt wurde.

Wer die Evangelienberichte genau liest, wird merken, dass Jesus jedoch gar keine vollen drei Tage im Grab lag. Denn die Auferstehung geschah den Evangelien zufolge am Morgen nach dem Sabbat, welcher auf die Kreuzigung von Jesus folgte. Die Kreuzigung wiederum fand am Nachmittag des Freitags statt, dem Vorbereitungstag zum Sabbat. Das sind alles zusammengerechnet kaum 48 Stunden.

Die hier benutzte Chronologie folgt jedoch nicht unserer heutigen Methode, Tage als 24-Stunden-Zeiträume zu behandeln. Stattdessen verwendet sie die jüdische Datierungsmethode aus der damaligen Zeit, in der bei der Angabe eines Zeitraums auch nur teilweise angeschnittene Zeitabschnitte als ganze Einheit gezählt werden.

Und da die Kreuzigung Jesu am Freitag geschah, das Grab jedoch am Sonntag wieder leer war, feiert die Kirche den Ostertag als »dritten Tag«.

Engel

Was sind Engel? Auf klassischen Gemälden findet man kleine, rundliche Kindergestalten mit Flügeln, die Putten. In unserer heutigen Zeit reden wir noch immer von Schutzengeln, die uns vor Unheil bewahren. Selbst in der antireligiösen Zeit der DDR war die Vorstellung von Engeln angeblich so einflussreich, dass sie zur »Jahresendflügelfigur« umgedeutet werden mussten, um ihre geistliche Bedeutung zu verschleiern.

In der Bibel jedoch begegnen uns die Engel als mächtige Boten Gottes. Sie verkünden seinen Willen und geben den Menschen in kritischen Situationen die Weisungen ihres Schöpfers.

Engel spielen deshalb nicht nur in der Weihnachtsgeschichte eine große Rolle, sondern auch an Ostern. So wie bei der Geburt von Jesus die Engel den beteiligten Personen Gottes Botschaften überbrachten, geben sie auch in der Ostergeschichte die entscheidenden Informationen weiter: Sie sind es, die den Frauen, die zum Grab gekommen sind, die Auferstehung von Jesus verkünden: *»Er ist nicht hier! Nein, er ist auferstanden!«* (Lukas 24,6)

Evangelien

Die vier Evangelien sind Berichte über das Leben, Sterben und Auferstehen von Jesus, welche die Kirche seit

Beginn des Christentums als Grundlage für die Überlieferung von Jesus von Nazareth erachtet.

Ihre Autoren Matthäus, Markus, Lukas und Johannes gründeten ihre Bücher auf die Aussagen von Augenzeugen. Alle vier Bücher wurden in Griechisch verfasst und nur wenige Jahrzehnte nach dem Leben und Sterben von Jesus aufgeschrieben – früher als beinahe jede andere Biografie einer historischen Person.

Fastenzeit

Die christliche Fastenzeit zu Ostern ist eine uralte Tradition, die ihre Anfänge bereits im zweiten Jahrhundert findet. Seit dem Jahr 1091 beginnt sie in der römisch-katholischen Kirche mit dem Aschermittwoch, auf den eine vierzigtägige Fastenzeit folgt.

Die Zahl 40 erinnert dabei sowohl an die vierzig Jahre, die das Volk Israel in der Wüste verbrachte, als auch an die vierzig Tage, die Jesus in der Wüste fastete und betete. Es geht daher in der Fastenzeit gar nicht in erster Linie um den Verzicht auf Fleisch oder andere Nahrung, sondern um die Konzentration auf Gott und das großartige Ereignis von Ostern, auf das man sich in dieser Zeit vorbereitet.

Deshalb wird die Fastenzeit auch österliche Bußzeit oder Passionszeit genannt, und sie endet in der katholischen Kirche mit dem vierzigsten Tag am Karsamstag. Denn am Ostersonntag ist die Zeit des Fastens mit der Auferstehung von Jesus ganz konkret vorbei.

Finnische Osterbräuche

Die Freude an Ostern wird in Finnland dadurch gefeiert, dass Kinder mit Trommeln und Tröten durch die Straßen ziehen, um damit das Ende der Trauerzeit anzukündigen. Außerdem schlagen Freunde und Bekannte einander leicht mit einer Birkenrute, um an die Palmzweige zu erinnern, mit denen Jesus in Jerusalem empfangen wurde.

Fliegende Osterglocken

Eine Ostertradition, welche in Frankreich und Österreich, aber auch in den katholischen Gebieten Deutschlands existiert, hat eine ganz eigene Geschichte, um den Kindern zu erklären, warum die Kirchturmglocken von Freitag bis Sonntag nicht läuten: Angeblich flögen die Glocken nämlich am Freitag nach Rom und kämen erst am Ostersonntag zurück, wobei sie es seien, die auf dem Rückweg für die Kinder die Süßigkeiten verstecken würden.

Frauen am Grab

Die Evangelien berichten, dass zuerst die Frauen aus dem Kreis der Jesusjünger zum leeren Grab kamen. Unter ihnen waren Maria Magdalena, Salome und andere. Maria Magdalena begegnete als Erste dem auferstandenen Jesus. Sie bekam den Auftrag, den Jüngern die Nachricht weiterzugeben, dass Jesus lebt.

Frieden

»Friede sei mit euch!« Mit diesen Worten spricht der auferstandene Jesus seine Jünger an. Das Wort Frie-

de, Hebräisch *Schalom*, bedeutet in der Bibel mehr als die bloße Abwesenheit von Krieg. Es ist der Zustand des Heils, wo alles in Ordnung ist und Wachstum, Gedeihen und Segen möglich sind.

Fuchseier

Bis zum 20. Jahrhundert gab es im deutschsprachigen Raum vielerorts keinen Osterhasen, sondern den Osterfuchs, der die Ostereier bringt. Die Kinder bauten für den Fuchs ein Nest aus Moos und Heu und sorgten dafür, ähnlich wie für St. Nikolaus, dass er in der Nacht nicht gestört wurde.

Deshalb heißt das Osterei in einigen Regionen Deutschlands auch heute »Fuchsei«, und in einigen Mundarten sind sogar Redensarten mit Fuchseiern bekannt. Wer dort »Fuchseier gefressen hat«, der hat ein schlechtes Gewissen, und wer »von Fuchseiern träumt«, der ist in Gedanken nicht ganz bei der Sache.

Gartengrab

In Jerusalem, außerhalb der Jerusalemer Altstadt, steht heute noch ein Felsengrab aus der Antike, von dem manche Christen glauben, dass sich darin das Grab Jesu befand. Es ist wie das in der Bibel beschriebene Grab aus einer Felswand geschlagen. Heute ist es von einer geräumigen Gartenanlage umgeben – von der es auch seinen Namen bezieht.

Der Gedanke, dass dies das Grab von Jesus sein könnte, entstand, nachdem das Gartengrab im Jahr 1867 vom englischen Generalmajor Charles Gordon entdeckt wurde. Er war davon überzeugt, das Grab Jesu vor sich zu haben, weil es vor der Stadtmauer von Jerusalem lag und weil die Form des Felsens, aus dem das Grab gehauen war, von verschiedenen Seiten einem Schädel ähnlich sah. Allerdings gehen Forscher heute allgemein davon aus, dass das Gartengrab nicht das tatsächliche Grab Jesu darstellt. Dennoch ist es ein wunderbarer Ort, der zum Nachdenken und Beten einlädt.

Gründonnerstag

Am Gründonnerstag feiern die christlichen Kirchen das letzte Abendmahl von Jesus mit seinen Jüngern. In vielen Kirchen gehört auch das Ritual der Fußwaschung zu diesem Feiertag. So wie Jesus seinen Jüngern als Zeichen seiner Liebe und Hingabe zu ihnen die Füße gewaschen hat, so tun es symbolisch auch Christen untereinander. Auch der Papst wäscht an diesem Tag einer Reihe ausgewählter Personen die Füße.

Warum der Gründonnerstag grün ist, darüber sind sich die Forscher bis heute noch nicht einig. Ob es daran lag, dass die Priester zur Gründonnerstagsliturgie ursprünglich grüne Gewänder trugen (heute sind sie weiß, und der Gründonnerstag heißt daher inzwischen teilweise auch »Weißdonnerstag«), ob am Gründonnerstag einfach nur viel grünes Gemüse gegessen wurde, oder aber das »Grün« vom »Greinen«, dem Weinen der Büßer herkommt, konnte bislang nicht geklärt werden.

Herbst

Auf der Südhalbkugel der Erde fällt Ostern jahreszeitlich in den Herbst, weshalb der Charakter des Brauchtums sich dort teilweise von den Bräuchen auf der Nordhalbkugel unterscheidet. In Südamerika südlich des Äquators wird vielerorts mit Blumenschmuck in den Straßen ein frühlingshaftes Ambiente imitiert.

INRI

Oben am Kreuz, an dem Jesus hing, war eine Inschrift in den drei Sprachen Hebräisch, Griechisch und Lateinisch angebracht, die meist in lateinischer Version dargestellt wird: »INRI – Iesus Nazarenus Rex Judaeorum«. Jesus, der Nazarener, der König der Juden (vgl. Johannes 19,19-20).

Jesus

Jesus ist die griechische und auch lateinische Form des hebräischen Namens *Jeschua*. Jeschua bedeutet: »Der Herr ist Rettung« oder »Der Herr ist Hilfe«. Diesen Namen sollte Josef auf Auftrag des Engels hin dem neugeborenen Kind Marias geben (vgl. Matthäus 1,21f).

Johannes

Johannes, ein Jünger von Jesus, lief mit Petrus zum Grab und fand es leer vor. Allein die Leinentücher, mit denen der Leichnam Jesus eingewickelt war, waren noch genau an dem Ort, wo sie gelegen hatten (vgl. Johannes 20,1ff). Er ist derselbe Johannes, welchem das Johannesevangelium zugeordnet wird.

Karfreitag

Am Karfreitag wird dem Tod von Jesus am Kreuz gedacht. Häufig wird um fünfzehn Uhr, zur Sterbestunde Jesu, ein besonderer, andächtiger Gottesdienst gefeiert. Der Karfreitag ist neben dem Ostersonntag und Weihnachten einer der höchsten Feiertage: An diesem Tag starb Jesus am Kreuz für unsere Sünden. Ohne Karfreitag gäbe es kein Ostern.

Karsamstag

Der Karsamstag wird meist als stiller Tag begangen, in Erinnerung an die Grabesruhe Jesu. In der Grabeskirche bzw. Auferstehungskirche in Jerusalem wird jedoch am Nachmittag das Heilige Feuer bzw. Osterfeuer aus dem Grab Jesu getragen und in der gesamten Kirche und Stadt verbreitet.

Maria, die Mutter Jesu

Maria ist die griechische Form des hebräischen Namens Mirjam. Diesen Namen trug die Schwester von Mose (vgl. 2. Mose 15,20). Doch Maria ist natürlich auch der Name der Mutter von Jesus. Sie stammte wie ihr Verlobter Joseph aus der Stadt Nazareth, einer Siedlung im Bergland von Galiläa, wo viele Nachkommen von König David wohnten.

Maria, die Mutter von Jesus, steht gemeinsam mit dem Jünger Johannes am Kreuz. Ihr unfassbares Leid, den grausamen Tod ihres eigenen Sohnes mitansehen zu müssen, ist in den unzähligen Gemälden und Skulpturen der christlichen Kunst einzufangen versucht worden, die sogar ihren eigenen Namen bekommen haben: Die Pietà. Die wohl berühmteste Fassung ist die vatikanische Pietà von Michelangelo im römischen Petersdom.

Doch Maria ist nicht nur bei der Kreuzigung anwesend. Sie ist auch Teil der Gemeinde, die einige Wochen später den Heiligen Geist empfängt, den der auferstandene Jesus ihnen sendet (vgl. Johannes 19, Apostelgeschichte 2).

Maria Magdalena

Maria aus Magdala in Galiläa, genannt Maria Magdalena, war eine Jüngerin von Jesus. Sie sah als Erste den auferstandenen Jesus und bekam von ihm den Auftrag, seinen Jüngern zu sagen, dass er auferstanden war (vgl. Johannes 20,11-18). So ist sie die erste Auferstehungszeugin.

Osterberichte

In den Evangelien, den Berichten über das Leben und Sterben von Jesus, wird übereinstimmend erzählt, dass Jesus nach seinem Tod am Kreuz wieder auferstand und sich seinen Nachfolgern als der Lebendige zeigte.

Osterbrunnen und Osterkrone

Der Brauch, in der Zeit vor Ostern den Dorfbrunnen mit bemalten Ostereiern zu schmücken, stammt ursprünglich aus der Fränkischen Schweiz. Seit den 1980er-Jahren hat er sich jedoch auch in weiten Teilen Süd-, Mittel- und Ostdeutschlands verbreitet. Die Anordnung der Ostereier erinnert dabei meist an die Form einer Krone und wird deshalb auch Osterkrone genannt. Diese gibt es nicht nur als Dekoration eines Brunnens, sondern wird auch an anderen öffentlichen Plätzen aufgehängt.

Osterdatum

Warum ist Ostern eigentlich jedes Jahr an einem anderen Datum? Das liegt daran, dass sich das Osterdatum nicht an einem festen Tag orientiert, sondern von der Mondphase abhängig ist, die sich nicht mit unserem 365-Tage-Jahr deckt.

Der Ostersonntag fällt stets auf den ersten Sonntag nach dem ersten Vollmond im Frühling. Der Frühlingsanfang ist dabei festgelegt auf den 21. März. Ostern bewegt sich dadurch zwischen dem 22. März und dem 25. April.

In der orthodoxen Ostkirche, die für ihre Berechnung nicht den gregorianischen, sondern den veralteten julianischen Kalender verwendet, weicht das Osterdatum vom westlichen Datum noch einmal ab – bis zu fünf Wochen.

Weil alle anderen beweglichen kirchlichen Feiertage von Ostern aus berechnet werden, verschieben sich auch diese jedes Jahr mit dem Osterdatum.

Ostereier

Was wäre Ostern ohne bunt bemalte Ostereier? Der christliche Brauch, Eier zu bemalen, geht dabei bereits auf das frühe Christentum zurück. Im mesopotamischen Raum färbten die Christen ihre Eier rot, um an das Blut zu erinnern, das Jesus am Kreuz vergoss.

Aber warum Eier? Das Ei ist in der christlichen Vorstellung ein Symbol für die Auferstehung: Aus der harten, toten Schale bricht neues Leben, so wie Jesus aus dem kalten Steingrab wieder zum Leben erweckt wurde.

Um das Osterei drehen sich daher schon seit Langem eine Vielzahl von Bräuchen. Ob sie jetzt der Osterhase, der Osterfuchs, der Storch oder der Kuckuck bringt, sei dahingestellt. Das Wichtige ist: Die Eier werden im Haus, im Garten, im Wald oder Feld versteckt, und die Aufgabe der Kinder ist es, sie allesamt zu finden.

Zu den bekanntesten Bräuchen gehört das »Titschen«, »Pecken« oder »Gacken«, bei dem zwei hart gekochte Eier gegeneinandergeschlagen werden. Derjenige, dessen Ei am Ende unversehrt geblieben ist, gewinnt.

Dasselbe Prinzip wird beim Ostereierwerfen oder -schleudern benutzt: Das hart gekochte Ei wird in ein Wollsäckchen gesteckt und möglichst hoch oder weit geschleudert. Dasjenige Ei, dessen Schale diese Strapazen am längsten unbeschadet überlebt, hat gewonnen.

In England und Amerika gibt es zudem das Ostereierrollen: Hier wird das Ei einen abschüssigen Hang oder eine Straße hinabgerollt. In Washington wird das Ganze sogar höchst feierlich mit vom Präsidenten und seiner Gattin verteilten und signierten Holzeiern zelebriert: das »White House Easter Eggs Roll«.

Osterfeuer

Das Osterfeuer beginnt in der Osternacht mit einem kleinen Feuer, an dem der Priester die erste Kerze in der noch dunklen Nacht entzündet. Sie ist das Symbol für das Licht, das Jesus in diese Welt gebracht hat. Dieses Kerzenlicht wird von einer Person zur nächsten weitergereicht, bis das Osterlicht den gesamten Raum erfüllt. Die weitaus größeren Osterfeuer, die aus möglichst hohen Holzstapeln bestehen, werden teilweise noch am Karsamstag, oft am Ostersonntag oder auch erst am Ostermontag entzündet. Die Feuer werden oft auf Erhöhungen errichtet, sodass sie weithin sichtbar sind.

Osterfeuer in der Grabeskirche

In der Grabeskirche in Jerusalem ereignet sich jedes Jahr vor dem orthodoxen Osterfest das Wunder des »Heiligen Feuers«: Schon seit dem achten Jahrhundert wird berichtet, dass sich stets am Karsamstag in der Grabeskapelle die Kerzen in der Hand des orthodoxen Priesters von selbst entzünden.

Der Priester geht mit zwei großen Wachskerzen alleine in die Grabkammer und kommt kurze Zeit später mit zwei brennenden Kerzen wieder heraus. Nach den Aussagen der Priester entzünden sich die Kerzen an einem Licht, das über der Stelle erscheint, an dem der tote Körper von Jesus gelegen haben soll. Selbst die Kerzen von Menschen außerhalb der Grabkammer sollen sich manchmal von selbst entzünden. Kommt der Priester mit den brennenden Kerzen aus der Grabkammer wieder heraus, wird das Licht der Kerzen an die versammelten Gläubigen weitergegeben.

Osterfeuerwerk

In Schweden und Griechenland wird Ostern mit Feuerwerk und Lärm gefeiert. Wie bei uns an Sylvester werden Knallkörper und Feuerwerksraketen gezündet.

Ostergebäck

Dass wie über die Weihnachtszeit hinweg für die Osterzeit Plätzchen gebacken werden, ist wegen der vorhergehenden Fastenzeit natürlich nicht möglich. Dennoch hat auch Ostern ein traditionelles Ostergebäck: den Osterkuchen in Hasen- oder Lammform. In Italien gibt es dagegen statt Osterkuchen die Ostertorte: die »Torta di Pasquetta«. Dafür werden gekochte Eier, Spinat und eine sogenannte »Ostertaube« in einer Art Gugelhupf verbacken.

Ostergedicht

Das wohl bekannteste deutsche Ostergedicht stammt von Max von Schenkendorf (1783-1817). Es lautet:

Ostern, Ostern, Frühlingswehen!
Ostern, Ostern, Auferstehen
Aus der tiefen Grabesnacht!
Blumen sollen fröhlich blühen,
Herzen sollen heimlich glühen,
Denn der Heiland ist erwacht.

Trotz euch, höllische Gewalten!
Hättet ihn wohl gern behalten,
Der euch in den Abgrund zwang.
Konntet ihr das Leben binden?
Aus des Todes düstern Gründen
Dringt hinan sein ew'ger Gang.

Der im Grabe lag gebunden,
Hat den Satan überwunden -
Und der lange Kerker bricht.
Frühling spielet auf der Erden,
Frühling soll's im Herzen werden,
Herrschen soll das ew'ge Licht.

Alle Schranken sind entriegelt,
Alle Hoffnung ist versiegelt,
Und beflügelt jedes Herz;
Und es klagt bei keiner Leiche
Nimmermehr der kalte, bleiche
Gottverlassne Heidenschmerz.

Alle Gräber sind nun heilig,
Grabesträume schwinden eilig,
Seit im Grabe Jesus lag.
Jahre, Monde, Tage, Stunden,
Zeit und Raum, wie schnell verschwunden!
Und es scheint ein ew'ger Tag.

Osterinsel

Die Osterinsel ist eine einsame Insel im Südostpazifik, die vor allem für ihre kolossalen Steinköpfe bekannt ist. Sie bekam ihren Namen vom niederländischen Seefahrer Jakob Roggeveen, der sie am Ostersonntag des Jahres 1722 entdeckte. Ansonsten hat sie mit dem Osterfest allerdings nicht viel zu tun.

Osterkerze

Bereits seit dem vierten Jahrhundert ist der Brauch belegt, zu Beginn der Osternachtfeier eine Kerze aus Bienenwachs am Osterfeuer zu entzünden. Das teure Wachs, aus dem die bleiche Kerze besteht, symbolisiert dabei sowohl das Menschsein von Jesus, aber auch seinen göttlichen Leib nach der Auferstehung. Die helle Flamme dagegen steht für die göttliche Natur von Jesus.

Im Licht der Osterkerze ist das Licht Gottes zu sehen, mit dem Jesus den Tod überwunden hat, wie er es sagte: *»Ich selbst bin das Licht der Welt. Jeder, der mir folgt, wird nicht in der Dunkelheit herumirren. Nein, er wird das Licht des Lebens haben!«* (Johannes 8,12)

Osterklappern

Der katholische Brauch schreibt vor, dass zwischen Karfreitag und der Osternacht die Kirchenglocken in den Gemeinden nicht geläutet werden, um an die Trauer über den Tod von Jesus zu erinnern. Um die Bevölkerung trotzdem zu den Gottesdiensten rufen zu können, werden stattdessen traditionell Kinder und Jugendliche mit speziellen Ratschen oder Klappern durch das Dorf geschickt.

Osterlachen

Bis ins 19. Jahrhundert war es vor allem in Bayern üblich, dass der Priester am Ostersonntag die Gemeinde mit einer – oft nicht ganz korrekten – Geschichte von der Kanzel aus zum Lachen zu bringen versuchte.

Das Osterlachen war die einzige Form, in der das Lachen in die christliche Liturgie eingebunden war – und selbst dann nicht offiziell. Man wollte damit die Freude des Ostertages ganz konkret auf die Gesichter der Gemeinde bringen – und vielleicht nebenher auch die Gelegenheit nutzen, ein bisschen in Humor verpackte Kritik an der Obrigkeit oder der Kirche zu üben, was man sich sonst kaum leisten konnte.

Osterlieder

Es gibt deutlich weniger Osterlieder als Weihnachtslieder. Das bekannteste Osterlied ist der auf das 11. Jahrhundert zurückgehende Hymnus »Christ ist erstanden von der Marter alle.«

Ein anderes Osterlied aus dem 19. Jahrhundert lautet:

» *Seele, dein Heiland ist frei von den Banden,*
glorreich und herrlich vom Tode erstanden.

Freue dich, Seele, die Hölle erbebt;
Jesus, dein Heiland, ist Sieger und lebt!

Freue dich, Seele, der Hölle Macht lieget;
Sünde und Satan und Tod sind besieget,
der im Triumphe im Grab sich erhebt,
Jesus, dein Heiland, ist Sieger und lebt!

Fasse dich, Seele, sei tapfer im Streite;
Jesus ist mit dir und kämpft dir zur Seite.
Zage nicht, wenn auch der Tod dich umschwebt:
Jesus, dein Heiland, ist Sieger und lebt! «

Ostermarsch

Im Jahr 1958 marschierten zu Ostern 10 000 Menschen von London aus zum Atomforschungszentrum Aldermaston als Protest gegen die atomare Aufrüstung. Seitdem werden auch in anderen westeuropäischen Ländern solche friedlichen Demonstrationsmärsche an Ostern veranstaltet. In Deutschland finden sie bis heute statt – auch wenn sie außer dem Datum keinen Bezug zum eigentlichen Osterfest haben.

Ostern

Die jährliche Gedächtnisfeier der Auferstehung Jesu Christi von den Toten ist das höchste Fest im Kirchenjahr.

Ostern im Apostolischen Glaubensbekenntnis

Im apostolischen Glaubensbekenntnis, das schon sehr früh als Taufbekenntnis entstand und von allen christlichen Kirchen anerkannt ist, ist das Geschehen von Kreuz und Ostern im zweiten Abschnitt zusammengefasst, der von Jesus Christus handelt:

» *Ich glaube an Jesus Christus,*
seinen eingeborenen Sohn, unsern Herrn,
empfangen durch den Heiligen Geist,
geboren von der Jungfrau Maria,
gelitten unter Pontius Pilatus,
gekreuzigt, gestorben und begraben,
hinabgestiegen in das Reich des Todes,
am dritten Tage auferstanden von den Toten,
aufgefahren in den Himmel;
er sitzt zur Rechten Gottes,
des allmächtigen Vaters;
von dort wird er kommen,
zu richten die Lebenden und die Toten. «

Osternacht und Ostermorgen

Die Kirche hat für die Osterfeier auch immer schon die Nacht vor dem Ostersonntag in ihre Liturgie mit einbezogen. In der Ostkirche wird bis heute eine Nachtwache vom Abend des Karsamstags bis zum Morgen des Ostersonntags gehalten.

Um der Tatsache Rechnung zu tragen, dass die Freude über die Auferstehung mit der Entdeckung des leeren Grabes bei Tagesanbruch begann, mündet die Osternachtliturgie zum Sonnenaufgang in die Feier des Abendmahls.

Weil Jesus zum Beginn des Tages von den Toten auferstand, dient die Morgenröte seither als wichtiges Symbol in zahlreichen Kirchenliedern, Büchern und Kunstwerken.

Osterpalmen

In der katholischen Kirche wird zum Palmsonntag mit eigens angefertigten Palmzweigen dem Einzug von Jesus nach Jerusalem gedacht, wie ihn zum Beispiel Johannes in seinem Evangelium beschreibt:

» *Als die vielen Menschen, die zum Fest zusammengekommen waren, hörten, dass auch Jesus in die Stadt Jerusalem kommen wollte, besorgten sie sich Palmzweige und liefen aus der Stadt hinaus, ihm entgegen. Sie begannen laut zu schreien: »Hosanna! Gesegnet ist er, denn er kommt im Namen des Herrn! Ja, er ist der wahre König von Israel!«* «

(Johannes 12,12-13)

Diese Osterpalmen müssen dabei natürlich nicht zwingend von echten Palmen stammen – obwohl in mediterranen Ländern wie zum Beispiel Spanien durchaus die heimische Flora für die Palmwedel verwendet wird. Überall sonst wird jedoch einfach das benutzt, was vorhanden ist: Ob Weidenzweige, Wacholder, Buchsbaum oder andere Baumsorten, Hauptsache, das Holz ist noch grün und biegsam. Stammen die Zweige jedoch von Weiden, werden sie auch »Weidenkätzchen« oder »Palmkätzchen« genannt.

Zu Beginn der Karwoche werden die gebundenen Zweige an langen Holzstangen befestigt und mit Blüten, Gräsern, Papierblumen und Bändern verziert. In den Niederlanden tragen die Palmzweige auch häufig Tierfiguren, Gebäck und Süßigkeiten zum Schmuck.

Angeblich soll die Größe der Palmzweige einen positiven Einfluss auf die Lebensdauer der Erbauer haben. Vermutlich kommt daher der Brauch in der polnischen Stadt Lipnica Murowana, in der seit 1958 ein Wettbewerb ausgetragen wird, bei der die größte Osterpalme gekürt wird.

Die Palmen werden dementsprechend inzwischen über 30 Meter hoch und 80 Kilogramm schwer.

Osterparade

Einen modernen Osterbrauch haben die Amerikaner eingeführt, die jährlich in New York City die »Easter Parade« abhalten: Man verkleidet sich, schmückt aufwendig eine lange Kolonne an Wägen und fährt damit durch die Straßen.

Osterschlagen – Ostereimer

Ein Brauch für den Ostermontag in Tschechien, Ungarn, Rumänien und der Slowakei ist das Osterschlagen: Die Männer dürfen ihre Frauen mit Wasser oder Parfüm besprengen und mit leichten, handgemachten und geschmückten Ruten leicht schlagen – natürlich ohne ihnen wehzutun. Angeblich soll das die Schönheit und Gesundheit der Frau im nächsten Jahr erhalten.

Die Frauen geben den Männern als Ausgleich ein bunt bemaltes Ei oder auch einen kleinen Geldbetrag. Je nach Region dürfen sie sich aber auch noch anders revanchieren: Indem sie den Männern anschließend einen Eimer Wasser über den Kopf gießen.

Osterrad

Anstelle eines Osterfeuers wird in manchen ländlichen Gegenden in Norddeutschland und im Harz ein großes Holzrad angezündet und einen Hang hinuntergerollt. Die Feuerräder werden mit Stroh oder Reisig ausgestopft und können am Ende über 400 Kilogramm wiegen – entsprechend schnell werden sie teilweise beim Herunterrollen. Dem Volksglauben nach dürfen die Menschen eine gute Ernte erwarten, wenn das Rad es bis zum Fuß des Hangs schafft.

Osterreiten

In der Oberlausitz um Bautzen gibt es das sogenannte Osterreiten: Mehrere berittene Prozessionen ziehen von einer Gemeinde zur nächsten und verkünden singend die Botschaft von der Auferstehung von Jesus. Die Prozessionen können bis zu 1 500 Teilnehmer enthalten und erfreuen sich jedes Jahr eines großen Publikums.

Osterruf

Im Lukasevangelium wird berichtet, dass die Jünger voller Staunen ausriefen: *»Der Herr ist auferstanden und* *hat sich dem Simon gezeigt!«* (Lukas 24, 34) Das ist die Grundlage für den Osterruf, der in vielen Sprachen am Ostermorgen ertönt: »Der Herr ist auferstanden!« Die Antwort darauf lautet: »Er ist wahrhaftig auferstanden!« In Griechenland wie auch in allen anderen orthodoxen Ländern wird sich mit den ursprünglichen griechischen Worten »Christos anéstä!« – »Aläthôs anéstä!« gegrüßt.

Ostersonntag

Am dritten Tag, dem Ostersonntag, wird die Auferweckung Jesu von den Toten gefeiert, in vielen Gegenden schon mit sehr frühen Gottesdiensten. An manchen Orten in Deutschland werden zuerst auf den Friedhöfen mit Posaunen und Trompeten Osterlieder gespielt, um hier, am Ort des Todes, das Fest der Auferstehung zu feiern.

Ostersuppe

Eine besondere Ostermahlzeit gibt es in Griechenland. Dort wird nach dem Auferstehungsgottesdienst am Sonntag eine Suppe namens *Majiritsa* gegessen, die aus den Innereien eines zuvor am Spieß gegrillten Lamms zubereitet wird.

Osterwachsen

Beim Läuten der Osterglocken fassen Eltern auf den Philippinen ihre kleinen Kinder beim Kopf und heben sie daran hoch. Angeblich soll das dabei helfen, dass die Kinder später größer wachsen.

Osterwasser

In Polen besprengt man sich am Ostermontag gegenseitig mit Wasser, was Glück bringen soll. Australier gehen noch einen Schritt weiter: Dort schöpfen verlobte Paare an Ostern fließendes Wasser aus einem Bach und bewahren es bis zu ihrem Hochzeitstag auf. Am Hochzeitstag dann besprengen sie sich gegenseitig damit, bevor sie zur Kirche gehen.

Ein schwedischer Osterbrauch verlangt jedoch am meisten von den Beteiligten: Hier gehen Frauen, die in einen Mann verliebt sind, in der Osternacht heimlich an einer Quelle Wasser schöpfen. Mit diesem Wasser müssen sie nun versuchen, ihren Angebeteten zu benetzen, ohne dabei bemerkt zu werden. Schaffen sie das, soll es ihnen angeblich helfen, die Liebe des Mannes zu gewinnen.

Osterweiber

In Schweden verkleiden sich die Kinder am Gründonnerstag als »Osterweiber« (*Påskkärring*). Mit langen Röcken und Kopftüchern laufen sie durch die Straßen und betteln an den Türen um Süßigkeiten. Im Gegenzug überreichen sie selbst gemalte Osterbilder.

Osterzeugen

Im Neuen Testament werden eine ganze Reihe von Osterzeugen namentlich genannt, darunter die Frauen Maria Magdalena, Salome, sowie Petrus und Johannes, Jakobus, der Halbbruder von Jesus, die Jünger auf dem Weg nach Emmaus, ja, über 500 Leute auf einmal.

Die ersten Christen in Jerusalem hielten die Namen der ersten Osterzeugen fest (vgl. 1. Korinther 15,3–8). Darunter werden Petrus und Jakobus besonders genannt. Paulus von Tarsus nennt sich als letzten in dieser Reihe und berichtet, dass der auferstandene Jesus ihm als Christenverfolger persönlich begegnet sei und ihn zum Völkerapostel beauftragt hatte (vgl. Galater 1,15-20).

Palmsonntag

Diese letzte Woche vor Ostersonntag, die Karwoche, beginnt mit dem Palmsonntag, an dem die Christen den Einzug von Jesus in Jerusalem feiern. In Jerusalem selbst ziehen jedes Jahr Tausende Christen aus den verschiedensten Kirchen und Konfessionen gemeinsam mit Palmzweigen den Ölberg hinunter und erleben so den triumphalen Einzug Jesu nach Jerusalem nach.

Passions- und Osterspiele

Für die Menschen des Mittelalters, die zumeist weder lesen noch schreiben konnten, wurden an vielen Orten zu Ostern die Geschehnisse um den Tod und die Auferstehung von Jesus in dramatischen Inszenierungen nachgespielt, den sogenannten Passionsspielen. Auf diese Weise konnten die Menschen ganz persönlich und unmittelbar die Ereignisse nacherleben, die am Kreuz und am Grab geschahen. Die Tradition hat sich bis heute erhalten. An vielen Orten in ganz Europa, von Polen bis Frankreich und selbst in den USA, werden alljährlich Passionsspiele aufgeführt, die die unglaublichen Geschehnisse von Ostern wieder lebendig werden lassen.

Speisensegnung

In Österreich, Polen und einigen Gebieten Deutschlands werden am Gründonnerstag oder am Karsamstag bestimmte traditionelle Osterspeisen wie Schinken, Würste oder Eier besonders gesegnet. In Österreich nennt man das »Fleischweihe«.

Tauftermin

In den ersten Jahrhunderten nach der Entstehung des Christentums war Ostern der einzig regelmäßige Tauftermin. In der Osternacht wurden große Gruppen an neu gewonnenen Christen getauft. Natürlich konnte damals auch an anderen Tagen im Jahr getauft werden, doch der einzig feste Termin war das Osterfest.

Vatikan

Im Vatikan, dem katholischen Kirchenstaat, gehört das Osterfest zu den intensivsten Arbeitstagen des Jahres. Neben mehreren Messen wendet sich der Papst vom Balkon aus an Menschen in aller Welt und spendet ihnen in 60 Sprachen den Ostersegen »Urbi et Orbi« – »Der Stadt und dem Erdkreis«.

Verheißung

Das alte Wort »Verheißung« bedeutet Voraussagen in den Schriften des Alten Testaments, die sich im Neuen Testament im Leben von Jesus erfüllt haben. Gerade in der Ostergeschichte erfüllen sich viele solcher Verheißungen.

Wundmale

Auch der auferstandene Jesus trägt noch die Wundmale, die ihm bei der Kreuzigung zugefügt wurden. Er lädt den zweifelnden Thomas ein, genau hinzuschauen und sie zu berühren. Thomas reagiert damit, dass er vor Jesus niederfällt mit den Worten: *»Mein Herr und mein Gott!«* (Johannes 20, 26-28)

Wunder

Das Wunder von Ostern liegt nicht in den Frühlingsgefühlen, sondern in der ungeheuren Tat Gottes, dass Jesus, der Sohn Gottes am Kreuz für unsere Sünden gestorben und am dritten Tage auferstanden ist.